성찰을 통해 코치가 되어 간다

한 퇴직 임원이
전문 코치가 되어 가는 旅程

최경락 저

들어가면서

30년 가까운 세월을 한눈팔지 않고 다닌 회사로부터 어느 날 갑자기 '잘림을 당한' 지난해 초, 당황스러웠던 정신적 방황의 시간 속에서 우연히 마주친 '코칭(Coaching)'이 어느덧 2년 가까운 시간을 쉴 새 없이 달려오게 해 준 에너지가 되고 있다.

이 글은 당시 나의 내면에 쌓인 감정의 응어리들을 쏟아 낼 곳을 찾다 발견한 '다음 브런치 스토리'에서 1년 조금 못 되는 시간 동안 꾸준히 적어 온 글들을 모은 것이다. 이 글보다 먼저 적어 왔던 글들은 부끄러움을 무릅쓰고 이미 한 권의 책으로 세상에 나온 바 있다.

코칭을 공부하게 되면서, 코칭을 제대로 배워 보겠다고 들어간 대학원에서, 자격증을 획득하기 위해 부딪히는 수많은 코칭 실전에서, 그리고 소소한 나의 일상에서, 이제 황혼기에 접어든 나의 삶의 가운데서 느끼고 깨닫는 하나하나의 소중한 가르침들을 담백하게 적어 나온 내용들이다. 내 일상과 업(業), 그리고 삶의 '성찰(省察)의 노트'인 셈이다.

돌이켜 보면, 나는 성찰이라는 개념을 정확히 알지도 배우지도 않았던 과거부터 성찰의 시간을 갖는 것이 항상 습관처럼 몸에 배어 있었던 것 같다.

나는 어려서 언젠가부터, 프로이트의 제자이면서 개인심리학의 창시자인 알프레드 아들러(Alfred Adler, 1870~1937)가 이야기한 '열등감'이 나의 내면 세계를 지배하였고, 이로 인해 약간은 마음이 삐뚤어져 있던 젊은이였고, 늘 만족보다는 불만이 많은 청년이었던 것 같다.

하지만, 그런 나에게 다행스럽게도 그 '열등감'을 이겨 내기 위한 훌륭한 삶의 습관 하나가 자리 잡고 있었다. 그것은 바로, 모든 일에 있어서 나름의 '의미'를 되새겨 보는 습관이었다. 이처럼 생활 전반에서 항상 '숨어 있는 의미'를 찾아보던 나의 습관은 막연하고도 어렴풋했던 나의 목표, '북극성'을 향해 나아가는 나 자신을 흔들리지 않도록 바로잡아 주었고, 지치지 않도록 힘을 주었던 것 같다. 소소한 성찰의 시간들을 통해 '열등감'을 강력한 '동기 부여'와 '자아 성장'이라는 긍정적 결과물로 변화시킬 수 있었던 것이다.

정말 다행히도 그 습관과 노력 덕분에 짧지 않은 직장 생활을 나름 성공적으로 끝내고, 지금을 맞이할 수 있게 된 것이 아닌가 싶다.

이제는 성찰을 제대로 알아 가고 있는 중이다. 수많은 코칭 대화에서 고객으로 마주하는 이들의 새로운 깨달음과 성찰을 돕는 일을 하고 있기도 하다.

옛날에는 몰랐다. 성찰의 힘이 그리 위대하다는 것을.

골프를 처음 배울 때는 몸에서 힘을 빼기가 쉽지 않다. 잘 치겠다는 마음은 곧 손과 몸의 힘으로 연결이 되었다. 심한 경우에는 손에 물집이 잡히고, 골프채의 고무 손잡이, 그립이 해어지기도 하는 경우가 허다했다. 물론 공이 잘 맞을 리 없었다. 하지만, 이제는 안다. 몸에서 힘을 빼는 것이 어떤 것인지, 그런 힘이 빠진 상태에서 공을 맞혔을 때 얼마나 똑바로, 얼마나 멀리 가는지를….

우리의 일상, 일상이 모인 삶도 마찬가지인 것 같다. 아등바등 힘을 쓰는 것으로 문제를 해결하려던 과거의 삶의 자세와 태도로는 기력만 쇠할 뿐, 원하는 것을 얻을 수 없다는 것을 이제는 잘 알고 있다.

오히려, 늘 되돌아보고, 의미를 되짚어 보는, 약간은 삶에서 힘을 빼는 시간들이 모여 큰 힘과 에너지가 된다는 사실도 이제는 깨닫고 있다.

이런 삶을 살아 보려 하는 과정에서 비슷한 고민과 생각을 하고 있는 사람들의 사는 모습, 그리고 그들의 생각들을 넘겨다보는 것도 매우 의미 있는 일일 것이다. 나와 똑같은 생각과 행동을 발견하면, 나의 생각과 행동에 자신감을 더하게 되고, 나와 다른 생각과 행동을 발견하게 되면 나의 생각과 행동의 폭을 넓히는 효과를 가질 수 있게 된다. 두 경우 모두에게서 '정서적 연대감'이라는 큰 무형의 선물을 받기도 한다는 것 또한 의미가 있다고 할 수 있겠다.

이 책은 화려한 필체로 쓰인 글은 절대 아니다. 단지, 성찰과 쉼의 에너지로 인생 후반전을 살고자 하는 한 평범한 사람의 생각을 필요한 분들에게 작은 도움이나마 나누어 드리고자 하는 바람으로 쓴 글이다.

항상 이것저것 일들을 벌이며, 나름 열심히 움직여 보려는 한 사람을 묵묵히 응원해 주고 있는 아내와 두 딸에게 많이 감사하다는 말을 전하고 싶다.

인생 후반전, 우리 이제 성찰의 힘으로 전진해 보는 것은 어떨까?

성찰(省察)에 관하여

국어대사전을 찾아보면 성찰은 두 가지 뜻이 있다. 하나는 '자기의 마음을 반성하고 살핌'이라 되어 있고, 나머지 하나는 '(가톨릭) 고해성사 전에 자신이 지은 죄를 자세히 생각하는 일'이라 되어 있다. 후자는 종교적 개념이긴 하지만, 두 의미 모두 '생각'이라는 지점에서 크게 다르지 않음을 알 수 있다.

성찰은 아주 오래전부터 다양한 학문 영역에서 중요한 핵심 개념으로 다루어져 왔다.

철학에서는 주로 존재와 지식의 본질을 탐구하는 개념으로 발전해 왔는데, "너 자신을 알라."라는 소크라테스의 명제가 유명하다. 소크라테스는 내적 성찰을 통해 지혜와 도덕적 삶에 다다를 수 있다고 보았다.

심리학에서는 자기 인식과 성장의 관점에서 성찰이 주로 다루어져 왔다고 볼 수 있는데, 성찰을 자신의 사고 과정을 모니터링하고, 조절하는 메타인지 활동으로 이해하는 '메타인지이론(John H. Flavell)'이 대표적이며, 긍정심리학(Martin E.P. Seligman)에서는 우리 자신을 더 잘 이해하고 받아들이면, 개인적인 성장과 발전이 가능해지며, 부정적인 경험에서도 긍정적인 교훈을 얻고, 실패를 통해 배움의 기회로 삼는 자세가 핵심 가치 중 하나라고 보고 있기도 하다.

교육학의 대가, 존 듀이(John Dewey)의 '경험학습(Experiential Learning)'에서도 인간은 경험을 통해 배우지만, 경험은 그 자체로는 학습이 되지 않고, 성찰을 거쳐야 지식으로 전환이 된다고 하였다.

이러한 성찰의 개념은 최근 리더십 이론에도 적용이 됨으로써, 리더는 자기 성찰을 통해 자신과 타인, 그리고 공동체의 상호작용을 이해하여야 한다고 되어 있다.

코칭에서도 성찰은 매우 중요한 핵심 개념이다. '온전하고(Holistic), 문제 해결을 위한 자원이 풍부하며(Resourceful), 창의적(Creative)인 존재'로서의 고객은 과거의 경험, 개인적 신념이나 가치관 혹은 일상에서의 다양한 원인으로 발생한 '생각의 장벽'에 갇혀 늘 문제를 안고 있기 때문에, 코치는 고객 스스로 '성찰의 시간'을 통해 가지고 있는 문제를 해결하고, 좀 더 행복한 상황으로 나아가도록 돕고 있다.

코칭에서는 고객의 성찰을 돕기 위해 '의식의 확장'과 '관점의 전환'을 위한 질문을 많이 한다. 의식의 확장을 위한 비구조화 대화에서는 이러한 의식의 확장과 관점의 전환을 크게 세 가지로 구분하는데, 'Chunk Up', 'Chunk Down', 'Chunk Shift'가 그것이다.

Chunk는 원래 '덩어리'라는 의미로, 비구조화 대화에서는 '생각의 덩어리' 또는 '생각의 크기' 정도로 이해할 수 있겠다. 코치는 고객으로 하여금 자신이 가지고 있는 문제를 보다 큰 차원에서 보게 하기도 하고(Chunk Up), 때로는 좀 더 구체적이고 명료하게 살펴보도록 하기도 한다(Chunk Down). 그리고, 때로는 고객의 문제를 다른 시간이나 상황으로 보게 하거나, 완전히 다른 각도에서 볼 수 있도록 질문하기도 한다(Chunk Shift).

이러한 코치의 질문에 고객은 대답을 하면서 자신의 문제를 좀 더 객관적이고 명료하게 보게 됨으로써 그 문제의 본질을 자각하게 되는 것이다. 코칭에서는 이를 '아하 모멘트(Aha Moment)'라 부르고 있고, 코칭 대화가 정점에 이르는 순간이다.

남방불교를 중심으로 전파되어 최근 전 세계인으로부터 각광받고 있는 '명상(Meditation)'의 핵심 개념 또한 바로 성찰이다. 성찰이 극도에 달해 무념무상(無念無想)의 경지에 도달한 상태가 남방불교에서 말하는 '사티(Sati)'이며, 세계적 명상가 루퍼트 스파이라(Rupert Spira)는 그의 저서 『알아차림에 대한 알아차림(Being Aware of Being Aware)』에서 이 상태를 '알아차림(Awareness)'이라 하였다.

일반적으로 생각하는 성찰과 다른 점이 있다면, 명상에서는 무엇인가를 깨달아야겠다는 의식적 노력을 하면 할수록 깨달음에서 멀어지며, 우리 인간이 내면에 가지고 있는 본연의 존재를 편하게 만나는 것이라고 한다.

우리 인간은 누구나 '외부로 관찰되는 수많은 나' 외에 '내면에 숨겨진 본연의 나'를 가지고 있다고 한다. 우리에게는 삶에서 여러 가지 역할로 분주히 살아가고 있는 '가면(Persona)이나 사회적 정체성(Social Identity)으로 포장된 나' 외에, 신념, 가치관, 철학, 비전, 과거의 경험 등 대부분의 무의식적 세계를 포함하고 있는 '본연의 나'가 존재하며, 우리가 힘들고 어려울 때 이 '본연의 나'가 등장하여 힘을 내게 하고, 어려움을 이겨 낼 수 있게 해 준다는 것이다.

분석심리학자이자 정신분석의인 칼 융(Carl Gustav Jung)은 창조주가 태양의 빛을 모두에게 주었듯이 모든 인간의 내면에도 신성한 '빛'이 있다고 설명하고, 이 빛을 'Self'라 칭하였다. 현대 영성의 세계에서 가장 영향력 있는 인물 중 한 사람인 에크하르트 톨레(Eckhart Tolle)는 인간의 내면의 존재를 '우리 안에 거(居)하는 거대하고, 측량할 수 없고, 파괴할 수 없는 신성하고 온전한 존재'라 칭한다. 우리가 흔히 인간을 지칭하는 'Human Being'의 'Being'에 해당하는 것이 바로 이 내면의 존재이다.

성찰은 단순히 자신을 반성하고 되돌아보는 데 그치지 않는다. 성찰의 시간은 우리 인간이 가진 본연의 나, 즉 내면의 존재와 만나는 시간인 것이다.

우리는 인생을 살면서 수많은 '외면의 나'라는 굴레 속에서 무척이나 애를 쓰고 살고 있다. 하지만, 늘 애쓰는 만큼의 마음의 행복이나 외형적 결과를 얻지 못하고 힘들어하며 살아간다.

이제는 우리가 가진 내면의 나라는 존재를 명확하게 깨닫고, 항상 그 존재와 함께 살아가는 방법에 익숙해져야 할 때다. 내면에 존재하는 'Higher Self'를 앞세워 살아갈 때 우리는 애쓰지 않고도 당당하게 살아갈 수 있다고 한다.

성찰이라는 여정을 통해 '알아차림', '진짜 나'로 살아가는 삶을 살아 보지 않겠는가?

목 차

들어가면서 ・3
성찰(省察)에 관하여 ・6

1부 소소한 일상(日常)에서의 성찰 ・12

성찰 하나, 인생의 가을에 접어들며 ・13
성찰 둘, 가을에 씨 뿌리는 사람 ・16
성찰 셋, 공감(共感) 부재(不在)의 시대 ・19
성찰 넷, 골프와 인생의 닮은꼴 ・23
성찰 다섯, 한 중년 남자를 흠모하게 되다 ・28
성찰 여섯, 아침을 걷다 ・32
성찰 일곱, 만학(晚學)의 묘미(妙味) ・35
성찰 여덟, 신년(新年) 계획 세우기 ・38
성찰 아홉, 오십 중반에 가 본 논산 훈련소 ・44
성찰 열, 인생 첫 책이 나왔다… ・48
성찰 열하나, 도심 속의 치열한 삶의 현장, 전통 시장 ・51
성찰 열둘, 선(善)한 역주행(逆走行) ・54
성찰 열셋, '넘사벽'의 인물을 만나다 ・59
성찰 열넷, 퇴직 후 일 년을 돌아보다 ・62

2부 새로운 업(業)에서의 성찰 ・70

성찰 열다섯, '요즘 애들(?)' 다루기 1 ・71
성찰 열여섯, '요즘 애들(?)' 다루기 2 ・75

성찰 열일곱, '요즘 애들(?)' 다루기 3 · 79
성찰 열여덟, 코칭이 가져다주는 작은 기쁨 · 83
성찰 열아홉, 칭찬은 고래도 춤추게 한다 · 87
성찰 스물, 코칭의 힘 · 93
성찰 스물하나, 경청(傾聽)의 힘 · 97
성찰 스물둘, 질문으로 사람의 마음을 움직여라 · 103
성찰 스물셋, 마음으로 기억하는 맛(味)의 의미 · 109
성찰 스물넷, 아직은 아름다운 세상 1 · 114
성찰 스물다섯, 아직은 아름다운 세상 2 · 117
성찰 스물여섯, 백수(白手)도 과로사(過勞死)한다 1 · 121
성찰 스물일곱, 스포츠를 통해 보는 리더십 1 · 125
성찰 스물여덟, 스포츠를 통해 보는 리더십 2 · 129
성찰 스물아홉, 백수(白手)도 과로사(過勞死)한다 2 · 134

3부 인생 후반전, 성찰의 힘으로 전진한다 · 144

성찰 서른, 품위 있게 나이 든다는 것 · 145
성찰 서른하나, 모닥불 같은 인생 · 150
성찰 서른둘, 만일 내가 인생을 다시 산다면 · 154
성찰 서른셋, 삶의 향기 · 159
성찰 서른넷, 행복을 위해 Simple해지자! · 164
성찰 서른다섯, 현재(現在)를 사랑하라 · 171
성찰 서른여섯, 애쓰지 않고도 당당하게 살아가기 · 176
성찰 서른일곱, 하늘, 성찰 그리고 삶 · 181

글을 마치며 · 190

1부
소소한 일상(日常)에서의 성찰

어느 날 문득, '인생이 자연과도 너무 닮아 있구나.'라는 깨달음이 내 머릿속에 찾아들었다. 사계절이 변화해 가는 모습이 인생이 흘러가는 모습과 너무나도 흡사함을 느끼게 된 것이다. 지금 나는 인생의 가을쯤에 다다른 것 같다. 지난 여름날의 울창했던 녹음(綠陰)을 뒤로하고, 낙엽으로 흩뿌리기 직전의 아름다운 단풍을 수놓을 시기에 온 것이다.

성찰 하나,
인생의 가을에 접어들며

○ ● ○

▎자연과 내가 하나 되는 것

　중국 전국시대(戰國時代)의 사상가 장자(莊子)는 '자연과 내가 하나 되는 것'이라는 뜻으로 '물아일체(物我一體)'의 개념을 주장하였다. 이는 인간과 자연이 조화를 이루어 하나가 되는 것으로, 불교에서 말하는 인간의 본성이기도 하다.

　어느 날 문득, '인생이 자연과도 너무 닮아 있구나.'라는 깨달음이 내 머릿속에 찾아들었다. 사계절이 변화해 가는 모습이 인생이 흘러가는 모습과 너무나도 흡사함을 느끼게 된 것이다. 지금 나는 인생의 가을쯤에 다다른 것 같다. 지난 여름날의 울창했던 녹음(綠陰)을 뒤로하고, 낙엽으로 흩뿌리기 직전의 아름다운 단풍을 수놓을 시기에 온 것이다.

같은 가을, 그러나 다른 가을

어릴 적 가을은 풍성하고 아름다운 기억들의 연속이다. 파란 하늘 아래 만국기(萬國旗)가 휘날리고, 가을 운동회가 열린다. 각각 흰색과 파란색 머리띠를 두른 우리들은 하루 종일 학교 운동장을 함성의 도가니로 만들면서 뛰어다녔다. 일 년에 몇 번 먹을 수 있었던 김밥과 바나나, 초콜릿을 배불리 먹을 수 있는 행복의 하루였다. 가을 단풍이 아름다운 산자락에서 단체로 사진을 찍었던 가을 소풍, 부모님과 떠난 가을 단풍 여행…. '천고마비(天高馬肥)의 계절'을 분에 넘치도록 느낄 수 있었던 시간의 추억들이 많다.

그러나, 직장 생활을 하는 동안의 가을은 아름다움과 거리가 멀었던 기억들만 가득하다. 하루를 보내며 가을 하늘 한 번 쳐다볼 여유가 없던 시간들이 훨씬 많았다. 특히 임원이 되고 난 이후의 가을은 우울한 계절이었다. 대부분의 회사는 여름휴가가 끝나고, 긴소매 옷을 꺼내 입기 시작할 무렵부터 이미 다음 해 계획을 세우기 시작한다. 동시에, 그해에 대한 평가와 마무리를 진행한다. 물리적인 바쁨도 있었지만, 임원이 되고 나서는 곧 있을 계약 연장 여부 때문에 언젠가부터 우울증 증세가 생기기 시작했던 것 같다. '파리 목숨'의 파리가 내년에 살아 있을지를 심각하게 고민하는 계절이었다.

퇴직을 하고, 처음 맞이하는 가을이 왔다. 여유롭다. 아름답기가 말로 다 할 수가 없다. 길거리 은행잎이 노랗게 변해 가는 시시각각을 다 관찰할 수가 있다. 가을 하늘의 높고 맑음도 원하면 언제든지 쳐다볼 수 있다. 얼마 전 결혼기념일을 맞아 다녀온 제주 여행에서 싱그러운 가을바람을 흠뻑 즐기고 돌아왔다. 인생의 가을에 느끼는 계절의 가을은 오랜 세월 굽이진 길을 돌아온 나를, 처음 만난 그 느낌으로 기다려 준 첫사랑의 느낌이다.

▎자연을 통한 삶의 성찰

궁금하다. 우리처럼 사계절의 변화를 모르는 추운 곳이나 더운 곳에서는 어떤 느낌으로 삶을 되돌아볼까? 일 년 내 덥기만 하여 겨울날 눈 내리는 정취를 모르는 사람들은 우리가 눈 내리는 날의 정서로 이해하는 것들을 어떻게 이해해 낼까? 일 년 내 춥기만 한 곳에서는 우리가 느끼는 더운 여름날의 역동적 정서를 어떻게 이해해 낼까? 궁금하다.

신기하다. 자신이 살고 있는 자연환경에 기대 삶을 되돌아볼 수 있다는 것이. 그런 면에서는 사계절이 존재하는 이 땅에 태어난 것이 얼마나 감사하고 풍요로운 일인지, 뜬금없이 가슴이 뭉클해지는 것 같다. 삶에 대한 성찰이 살고 있는 곳의 자연과 연결된다는 발견이 신기하다.

성찰 둘,
가을에 씨 뿌리는 사람

○ ● ○

▌ 만학도(晩學徒)의 삶, 새로운 인생의 에너지

지난 9월부터 나의 또 하나의 정체성은 '대학원생'이다. 이미 인생 후반전 나를 대표할 수 있는 정체성으로 '전문 코치*'를 선택하여 착실히 필요한 과정을 밟아 가고 있는 나에게, 좀 더 넓고 깊은 학문적 소양을 함양할 수 있는 길이자, 새로운 인생의 친구들을 만나게 해 준 곳이 대학원이다. 선택한 전공도 '리더십과 코칭'이다.

대학원은 매주 토요일 수업을 한다. 직장인들을 위한 배려로 주말 수업을 한다. 같은 기수에 모인 29명은 이제 두 달여가 지나고 나니, 제법 친해졌다. 평균 연령이 50대라고 한다. 이들 중 90% 정도가 아직 현직에서 일을 하고

---

* 한국코치협회 인증 전문 코치로는 KAC(Korea Associate Coach), KPC(Korea Professional Coach), KSC(Korea Supervisor Coach) 3단계가 있으며, 필자는 KPC 자격을 보유 중이다.

있는 분들이며, 나처럼 이미 초보 코치 자격을 취득하고 입학한 분들이 10명이나 된다. 매주 이분들을 만날 생각에 일주일이 금방 간다. 참 신기한 일이다. 지난 30년 지겹도록 유지해 온 '사회적 관계'에 넌더리가 난 나에게 이 '새로운 사회적 관계'는 또 다른 에너지를 주고 있다는 사실이 너무 신기하다.

회사원, 약사, 퇴직자, 군인 등 직업이나 배경도 다양하다. 특히, 대대장, 상사 두 명의 현역 군인과 같이 공부하는 재미가 쏠쏠하다. 요즘 군대의 변화된 모습도 많이 듣게 되어 놀라는 일이 많기도 했다. 왜 이들과 같이 공부하고, 서로 알아 가는 과정이 이렇게 에너지 넘치는 일이 되었을까?

우선, 각자의 배경이 다양하지만, 하나의 공통된 목표를 가지고 모인 점이다. '전문 코치'로서의 학문적 소양을 쌓고, 자격 취득을 위한 과정을 같이 하고자 하는 목표가 우리를 하나로 뭉치게 해 주는 효과가 생각보다 크다. 다음으로는, 학교에 들어서는 순간부터는 철저하게 과거 학생 시절의 나로 돌아가는 '무의식'을 경험하게 된다는 점이다.

심리학자 헤이즐 마커스(Hazel Rose Markus, 스탠퍼드대학교)와 시노부 기타야마(Shinobu Kitayama, 미시간대학교)는 '나와 타인의 관계'는 두 가지로 나눌 수 있는데, '다른 사람으로부터 독립적인 나'와 '다른 사람과 상호 의존적인 나'라고 하였다. 아마도, 지난 직장에서의 지나칠 정도로 '다른 사람과 상호 의존적인 나'에 지쳐 있던 나에게 비교적 '다른 사람으로부터 독립적인 나'로 존재할 수 있는 공간이기 때문에 더욱 에너지가 넘치는 것 아닌가 생각되기도 한다.

가을에 뿌리는 씨앗

나는 인생의 가을 무렵에 들어서 다시 새로운 씨앗을 뿌리고 있다. 내 인생 후반전에 거두어들일 결실의 씨앗이다. '코칭'을 배우며 늘 '성찰'을 몸에 체화(體化)하는 훈련을 하고 있다. 코칭의 고객이 성찰을 통해 새로운 깨달음을 가질 수 있도록, 원하는 목표에 다다를 수 있도록 돕는 것이 코치의 임무이다. 그러기 위해서는 코치 자신 또한 늘 자신의 삶에 대한 성찰을 게을리 해서는 안 된다. 대학원을 다니면서 가장 많이 듣고, 가장 많이 마음에 새기는 것이 바로 성찰이다. 지금 뿌리는 이 씨앗이 겨우내 성장통을 거치면서, 다시 봄이 찾아올 무렵 만개할 수 있기를 진심으로 희망한다.

찾아보니, 가을에 씨를 뿌리는 친구들이 생각보다 많다. 밀, 보리, 마늘, 양파, 시금치, 무, 당근…. 하나같이 몸에 좋은 것들이다. 나도 외롭지 않게 이 가을에 몸에 좋은 씨앗을 마음껏 뿌려 볼 생각이다.

성찰 셋,
공감(共感) 부재(不在)의 시대

▌ 공감(共感): 다르지만, 그 자체로 인정해 주는 것…

주변 여성분들이 흔히 하는 이야기 중 하나가 공감과 관련된 것이다.

"정말 그 사람은 공감 능력이 떨어지는 것 같아…."
"우리 남편은 공감 능력이 제로야…."
"난 아무에게서도 공감받지 못하는 것 같아. 너무 힘들고 외로워…."

하지만, 최근 이 공감과 관련된 현상이 비단 여성분들에 국한된 문제가 아니라, 우리 사회의 많은 사람이 동시에 가지고 있는, 아니 앓고 있는 큰 질병처럼 느껴지는 것이 사실이다.

일상생활에서 혼동하기 쉽고, 간과하기 쉬운 개념 두 가지가 '공감(共感)'과 '동감(同感)'이다. 공감은 상대가 가진 생각, 의견, 입장, 감정이 나와 다르다 하더라도, 그 자체로 인정해 주고, 받아 주는 것이다. 이에 반해, 동감은 상대의 생각이나 의견에 같은 입장을 취하는 것이다.

'코칭'에서는 가장 기본적인 출발점이자, 시종일관 유지해야 하는 자세와 태도가 바로 공감이다. '고객은 항상 옳고, 스스로 문제를 해결할 능력이 있으며, 창의적인 존재'라는 기본 철학을 전제로 하는 코칭은 고객이 하는 이야기를 경청할 때, 코치 자신의 판단을 내려놓고, 고객의 말에 절대적으로 공감하면서 들어야 한다. 그래야 고객 스스로가 자신이 존중받음을 느끼며, 스스로가 가진 잠재력을 통해 문제를 해결하고, 발전해 갈 수 있기 때문이다.

▎갈등과 대립 일변도의 표현의 자유

최근 우리 사회를 한번 돌아보자.

'화합', '조화', '협력', '다양성의 공존' 등은 찾아보기가 쉽지 않은 현실이다. '화해'라는 단어도 사회적으로는 찾아보기 어려운 퇴행적 단어가 되어 가고 있다.

우리 사회에서 가장 오래되고, 대표적인 갈등은 바로 '노사 갈등'이다. 최근, 강성 노조의 투쟁 동력이 많이 약화되고 있는 것이 사실이지만, 아직도 사회와 기업 전반에 걸쳐 여전히 대립과 갈등의 상징으로 존재하고 있는 것을 부정하기는 어렵다. 소위 '세대 간의 갈등'도 가정과 직장, 사회 등 장소에 구애받지 않고, 다양한 공간에서 존재하고 있음을 쉽게 찾아볼 수 있다.

'정치와 이념의 갈등'은 어느 때부터인가 이 나라를 두 갈래의 큰 물줄기로 극명하게 갈라놓았다. 다소 젊은 층에 집중되긴 했지만, '젠더 갈등'은 한창 아름다울 나이의 젊은이들을 갈라놓고 있고, 갈수록 그 양상이 심화해 가고 있다.

외국인 근로자와 유학생 증가에 힘입어 2024년 기준, 우리나라 인구에서 외국인이 차지하는 비중이 약 4.8%, 264만 명 정도에 이른다고 한다. 이에 따라, 이제 유럽이나 중동 등 외국에서나 발생하는 현상으로 생각하던 '민족주의 갈등'도 서서히 싹을 틔우고 있음을 감지할 수 있다.

대한민국 「헌법」 제21조에서는 '표현의 자유'를 보장하고 있다(언론, 출판, 집회, 결사, 예술의 자유).

SNS, 유튜브 등 다양화, 개인화되고 있는 소통 채널에 힘입어, 당당하게 자신의 의견과 목소리를 내는 MZ 세대의 성장에 힘입어, 이 땅에 뿌리내린 민주주의의 성숙에 힘입어 정말 다양한 표현의 자유가 넘쳐 나고 있는 현실이다. 하지만, 자세히 들여다보면, 타인에 대한 배려, 존중, 화합은 찾아보기가 어렵다. 우리가 표현의 자유라는 권리를 십분 향유하는 이면에, 자율적으로 준수하여야 할 타인과 공동체에 대한 공감 의지가 상실되어 있기 때문이다. 나와 다른 의견, 나와 다른 입장, 나와 다른 견해는 금세 투쟁과 대립, 척결의 대상으로 변질시켜 버리는 우를 범하며 살고 있는 것이다.

▎공감으로부터 출발하는 화합과 화해의 시대

글로벌 공동체의 양태가 더욱 빠르게 변화해 가고 있다. 단일민족이라는 자긍심을 가졌던 대한민국도 이제는 인구 구조상 다민족 구성으로 변모해 나갈 수밖에 없는 흐름에 올라타고 있다. 사회 구성원들의 문화적 수준과 의식 수준이 그 어느 때보다도 높아져 있어, 다양한 의견과 입장, 목소리가 혼재될 수밖에 없는 시대를 살아갈 수밖에 없다. 그렇다면… 이렇듯 빠르게 확대되고 있는 다원화, 다양화 시대에 한 사회의 운영 메커니즘을 효율적이고, 조화롭게 이끌고 가려면 무엇이 필요하겠는가?

나의 '사상과 표현의 자유'와 동시에, 타인과 공동체에 대한 '공감 능력', 두 가지가 동시에 갖춰져야 하는 것이 해답이다.

성찰 넷,
골프와 인생의 닮은꼴

내가 어릴 적에는 골프와 스키는 고급 스포츠였다.

가끔 TV에서나 볼 수 있었고, 주변에서도 이를 즐긴다는 사람은 찾아보기가 어려웠다. 특히, 내가 살던 곳은 따뜻한 남쪽, 부산이었기 때문에 스키는 먼 나라 스포츠였다. 과거에는 남쪽 지방은 겨울에도 눈이 내리는 날이 거의 없었기 때문에, 서울에서 전학 온 친구들을 통해 스케이트나 스키에 대한 이야기를 전해 들었던 기억이 난다.

하지만, 경제가 발전하고 살림살이들이 나아지면서 스키는 그리 어렵지 않게 즐길 수 있는 스포츠가 되었고, 최근에는 골프도 젊은 사람들 사이에 마니아층이 형성될 정도로 꽤나 대중적인 스포츠가 된 것 같다. 나도 회사 다니면서 배우기 시작해서 임원 시절 제법 즐길 수 있는 기회를 가졌다.

골프: 좀처럼 곁을 내어 주지 않는 밀당의 천재

구력이 한 십 년을 넘기면서 골프라는 운동의 매력을 제대로 느끼기 시작했던 것 같다.

지성이면 감천이라, 그동안 들인 노력으로 실력도 제법 늘고, 그러다 보니 심적으로도 조금은 여유가 생겨 라운딩을 즐길 수 있게 되었기 때문이다. 그렇게 어렵다는 '깨백(한 라운딩의 타수가 최초로 100개 미만으로 들어옴)'을 한 후, '보기 플레이어(평균 타수 90대 수준)'를 거쳐 드디어 평균 타수 80대 수준으로 접어든 것이다.

하지만, 골프는 이틀 연속, 두 주 연속 같은 점수를 허락하지 않는 냉정한 친구였다. 하루는 뿌듯함과 자신감을 주었다가, 바로 다음 날은 좌절감과 겸손함을 주는, 정말 말 그대로 까칠함이 철철 넘치는 존재였다. 우리가 어릴 때 배운 자전거, 수영, 축구, 배구, 농구 등 대부분의 운동은 한동안 하지 않다가도 전혀 문제없이 즐길 수가 있다. 처음 배웠을 때의 그 자세 그대로, 오히려 경력이 길어지면 길어질수록 더 안정되고 세련되어지는 반면, 골프는 하루를 쉬어도 무언가 문제가 생기는 정말 어려운 운동이다.

골프는 인생이다

이처럼 골프에 대한 환희와 좌절이 반복되며, 급기야 "골프는 인생이다."라는 성찰까지 찾아오게 되었다. 얼마 전 아내와 함께 제주도로 결혼 기념 여행 겸 골프를 치러 다녀왔다. 아내도 '보기 플레이어'로 곧잘 치는 수준인

데, 두 사람 다, 역시나 마음먹은 대로 되지 않는 골프의 어려운 문턱을 또 한 번 느끼고 돌아오게 된 것 같다.

골프와 인생은 너무나도 닮아 있다.

1. 자연과 함께한다

골프는 도심과 일상을 벗어나 푸른 자연 속에서 하는 운동으로 심신을 맑게 해 준다. 그렇다 보니, 함께 라운딩하는 사람들끼리는 평소 어렵기만 한 일들이 쉽게 풀어진다. 누구도 푸른 자연 속에서 감정을 부리거나, 복잡한 이해관계를 이입하지 않으려 하기 때문이다. 삶도 마찬가지인 것 같다. 일상에서의 복잡하고 어려운 일을 한 발짝 떨어져서 들여다보라. 세상에 어렵기만 하고 풀리지 않는 일은 없다는 사실에 놀라게 될 것이다.

2. 예절이 중요하다

골프에는 수많은 에티켓이 있다. '고급 매너 스포츠'인 것이다. 티 박스 위에서, 그린 위에서… 지켜야 할 수많은 예절이 있고, 이를 간과하거나 놓치는 경우 상당히 '사람됨'에 손상을 받을 수 있다. 공이 안 맞기 시작하면서 무너지는 멘탈을 부여잡고, 얼굴에는 평정심을 유지할 수 있어야 한다. 심지어는 다른 사람들이 보지 않는 곳에서도 정직하게 경기하여야 하는 운동이기도 하다. 우리 인생에서의 이치와 비슷하다.

3. 힘이 들어가면 망한다

골프 스윙은 매우 과학적이다. 신기하게도 잘 치려고 몸에 힘이 들어가는 순간 스윙은 망가진다. 골프의 구력은 몸에서 힘을 빼는 데 걸리는 시간이라 해도 과언이 아니다. 우리가 인생에서 욕심을 부리고, 과하게 잘해 보겠다고 무리하면 일이 오히려 꼬이게 되는 것과 흡사하다. 항상 비우는 마음 자세로, 또한 겸손하고 겸허한 마음 자세로 삶을 대해야 하는 이치와 같다고 볼 수 있다.

4. 부지런해야 한다

골프는 보통 아침 일찍부터 장거리를 운전해서 가야 하고, 사전에 준비할 것도 적지 않다. 라운딩 중에는 카트를 타기도 하지만, 내 공을 쫓아 부지런히 걸어 다녀야 한다. 다른 동반자들의 진행 속도를 고려하면서 너무 뒤처지거나 앞서는 것도 바람직하지 않기 때문에 늘 주변을 살펴야 한다. 평소 지속적인 연습은 필수다. 이 모든 것이 인생 사는 것과 비교하는 게 무색할 정도로 똑같다.

5. 결과에 순응해야 한다

직업으로 골프를 하는 프로들도 늘 기복이 있다. 단, 한 번의 라운딩도 최선을 다하지 않는 경기는 없을 것이다. 아마추어인 우리는 더할 것도 없이 늘 최선을 다하지만 성적은 기복이 심하다. 결과에 따라 기쁨과 아쉬움이 교차하지만, 늘 멀리 보고, 그날그날의 단기적 결과에는 순응해야 하는 것이 골프라는 운동이다. '내일은, 다음에는 좋아지겠지.'라는 기대와 함께 말이다. 우리가 살아가는 삶도 그러해야 하지 않을까?

살면서 경험하는 많은 일 속에서 인생을 느낄 수 있다. 인간의 위대한 능력, 바로 '성찰의 힘'이다. 골프에서 느끼는 매력이 커져 갈수록 나의 삶에 대해 느끼는 맛 또한 깊어지고 진해져 갈 것 같다.

성찰 다섯,
한 중년 남자를 흠모하게 되다

○ ● ○

▎흠모(欽慕): 기쁜 마음으로 공경하며 사모하다

나는 요즘 한 중년 남자를 흠모하게 되었다.

그 주인공은 지금 다니고 있는 대학원에서 강의를 하시는 우리나라 코칭계의 거목(巨木) K 코치님이다. K 코치님은 CEO까지 역임하신 직장인 출신이지만, 초창기 태동하고 있던 코칭계에 입문하신 후, 많은 족적(足跡)과 왕성한 활동을 이어 가고 계신 분이기도 하다.

중년의 남자가 다른 중년의 남자를 흠모하게 된 건 재미있는 사건이다. 나는 나대로 제법 존재감 있게 살아온 나름 콧대 높은 사람이건만, 뒤늦게 알게 된 한 중년 남자를 많이 좋아하게 될 줄은 꿈이나 꾸었겠나? 무엇이 나를 그리 만들었을까?

나의 롤 모델(Role Model)을 찾다

1. 강의에서 깊은 맛이 우러나온다

K 코치님은 20년 가까운 코칭 경력을 통해 수없이 많은 경영 일선의 리더를 만나셨다. 내로라하는 대한민국 기업에서 당당히 한자리를 차지하고 있는 많은 분을 대상으로 코칭을 통해 도움을 주신 경험을 가지고 계시다. 그 경험에서 나오는 이야기가 정말 맛깔이 난다. 왜냐하면, 국내 최고 기업의 최고 경영자들이 누군가에게 내면을 이야기하고, 도움을 받는다는 것이 쉽지도, 흔하지도 않은 일이기 때문이다. 많은 경우, 처음에는 거부감을 표시하는 태도로 시작을 했다가, 오랜 코칭 관계로 변화하게 된 그 코칭의 공력은 실로 존경할 만한 일이다.

아울러, 불교학 박사 과정을 통해 불교 철학에 대한 조예가 깊으시다. 강의 순간순간 뿜어내는 불교 철학의 가르침 한 마디가 학교에 와 있는 느낌이 아니라 어느 사찰에 공부하러 와 있는 착각을 불러일으킨다. 어제 강의 시간에 듣게 된 불교의 자아의 개념, '인연(因緣) 화합물의 가입태(假立態)*', 정말 겸손한 자세로 남은 시간 살아야겠다는 가르침으로 나의 머릿속에 콱 자리 잡혀 버렸다.

---

* 인(因)은 결과를 만들어 내는 직접적인 원인을 말하며, 연(緣)은 간접적이며, 보조적인 원인을 말한다. 예를 들어, 씨앗이 인(因)이라 하면, 비와 바람, 농부의 땀방울 등이 연(緣)이라 할 수 있다. 사람이란 존재는 생겨나는 데 근본적인 원인 외에도, 많은 다른 수많은 간접적인 원인들이 함께 화합(化合)해야 만들어질 수 있으며, 이 또한 임시로 만들어져 있는 상태(假立態)라는 뜻이다. 즉, 오늘의 나와 내일의 나가 다를 수밖에 없듯이 인간은 늘 불완전한 존재라는 뜻으로 해석된다.

출처: 네이버

2. 끊임없이 성찰하는 자세로 살아간다

불교학의 고수답게 매일 새벽 한 시간씩 명상을 통해 집중력을 유지하고, 하루의 일과를 미리 살펴보신다고 한다. 또한, 걷기를 강력하게 추천하신다. 사람이 30분 이상을 걷다 보면, 프로이트가 이야기한 의식과 전의식을 넘어 무의식이 올라온다고 한다. 무의식이 올라옴으로써 복잡한 번뇌의 머릿속이 자연스러운 성찰의 과정을 거쳐 평안하고, 일목요연하게 정리될 수 있다는 것이다. 사실, 나도 걷기는 많이 해 본 편이다. 운동이라는 명제하에 걷기를 했을 뿐, 이러한 무의식을 불러오는 효과가 있다는 것은 코치님을 통해서 새롭게 알게 된 사실이다. 아내도 걷기를 많이 하는 편이다. 두 사람이 "아하~" 하고 맞장구를 친 지점이 있다. 정말 한 삼십 분 이상 걷다 보면, 말 그대로 '멍~한' 순간이 오는데, 그때 전혀 의도하지 않았던 일들과 생각이 떠오르는 경험을 실제 해 본 적이 있었던 것이다.

성찰이라는 깨달음을 얻게 된 이후 성찰에 대한 믿음은 실로 크다고 말할 수 있다. 성찰에 익숙해진 이후, 나의 내면에서 '화(火)'가 조금은 줄어든 것 같다. 아직 갈 길이 멀기는 하지만. 독서와 사색 外, 다양한 성찰의 방법을 찾아보는 것이 필요할 것 같다.

3. 끊임없는 독서와 글쓰기

코치님은 맘에 드는 책은 이삼십 번씩 반복해서 보신다고 한다. 살면서 알게 된 새로운 독서법이다. 그렇게 하면, 책 자체가 완전히 자기 것이 될 수 있다고 한다. 한 번 본 책을 두 번째 다시 본다는 것이 쉽지 않은 일임을 이미 알고 있는데, 그래도 한 번 도전해 보고 싶은 생각이 들었다. 그 책에 대해 완전한 성찰과 통찰이 가능하리라는 생각이 든다.

코치님은 현재 10권째 책을 집필 중이시라고 한다. 강의와 코칭으로 아무리 바빠도 매년 한 권은 책을 내시는 것 같다. 현재 코치님의 두 권의 책을 읽었는데, 문장이 군더더기가 없고 깔끔하다. 나는 언제 이런 문장력, 글발이 생길까? 부럽기만 하다. 하지만, 반대로는 끊임없이, 그리고 부단하게 글 쓰는 것을 연습해야겠다는 동기를 불러일으킨다.

중년의 남자가 뒤늦게 '워너비'의 한 중년 남자를 발견하게 되었다. 남은 인생의 명확한 '이정표'를 찾은 것 같다. 하지만, 아직 '넘사벽'의 차이를 극복하기 위해 갈 길이 너무 멀다는 어려움도 동시에 느끼고 있다. 하지만, 힘을 내 보려고 한다. 나중에 누군가 나를 흠모하게 될 그날이 올 때까지.

성찰 여섯,
아침을 걷다

▌아침 산책: 정중동(靜中動)

요즘 매일 아침 6시면 옷을 주섬주섬 입고 산책을 나간다.

내가 살고 있는 곳은 규모가 커 아파트 내 산책으로도 충분한 운동량을 얻을 수 있다. 아파트 내부 길을 꼼꼼히 걷고 나면 대략 한 시간 정도 걸리는 것 같다.

아침 산책길의 모습은 '정중동(靜中動)' 그 자체이다. 지난밤의 시끌벅적함이 구석구석으로 숨어들어 아직 깨어나지 않은 듯 많이 조용하다. 해가 나오면서 동이 틀 무렵, 잠에서 깬 새들이 조잘대는 소리만이 유일하게 볼륨을 켤 뿐, 마치 이어폰의 노이즈 캔슬링이 작동하고 있는 듯한 조용함이 느껴진다. 많지는 않지만, 일찍 출근하는 사람들의 발걸음은 무언가 바빠 보인다. 간혹 아침 러닝을 하는 사람들도 가쁜 숨소리와 함께 빠른 발걸음을 교차한다. 나도 비록 산책이지만, 발걸음만큼은 바쁘다. 머릿속도 바쁘게 회전하며 온갖 종류의 일들을 메모리 보드에 올려놓는다.

걸으며 무의식을 느낀다

K 코치님이 알려 주신 대로 걷기를 한 삼십 분 지속하다 보면, 두 다리는 스스로 반복 운동을 하기 시작한다. 그리고, 머릿속은 점차 멍~해지기 시작하다가 이것저것 전혀 나의 의도가 없는 생각들이 올라오기 시작한다. 이 글도 아침 산책을 하며 머릿속에서 90%를 작성하였다. 하루의 일과에 대한 이런저런 정리도 자연스럽게 이루어진다.

사실 걷기와 무의식의 관계는 심리학, 철학, 그리고 신경과학 등에서 흥미롭게 연구되는 주제이다. 걷기는 단순한 신체 활동 이상의 효과가 있으며, 무의식과의 관계를 통해 창의력, 사유의 과정, 스트레스 감소 등에 효과가 있다고 알려져 있다.

ChatGPT에 물어보았다.
"걷기와 무의식의 관계에 대해 알려진 이론으로 어떤 것이 있어?"

1. 무의식적 사고 이론

네덜란드 심리학자 아펠도른 연구 팀에 의해 제시된 이론으로 신체적 활동이 무의식을 자극하여 창의적 아이디어와 문제 해결에 도움

2. 명상의 효과

남방불교에서 2천 년 넘게 수행되어 온 명상법인 마인드풀니스(Mindfulness) 명상과 비슷한 심리적 효과

3. 창의적 사고와 걷기

스탠퍼드대학 연구 팀은 앉아 있을 때보다, 걸을 때 더 많은 창의적인 아이디어가 떠오른다는 사실을 발견

살을 빼기 위해 무심코 시작한 아침 산책은 생각보다 얻는 게 훨씬 많음을 배움을 통해 알게 되었다. 아침을 여는 느낌이 좋아 계속하고 싶은 면도 있지만, 하루 중 따로 시간 내지 않아도 되는 일거양득(一擧兩得)적 성찰의 시간이 매일 아침 나의 잠을 깨우는 것 같다.

성찰 일곱,
만학(晩學)의 묘미(妙味)

○ ● ○

▎공부, 사람이 평생 해야 할 일 중 가장 힘든 일!

지난 연말 우리 집 네 명의 가족 중 세 명이 기말시험을 봤다. 대학생 큰딸, 고등학생 작은딸, 그리고 늦깎이 대학원생 나….

나이 오십 중반에 시험을 보기 위해 암기를 해야 하는 혹독한 과정이 생각보다 힘들었다. 심지어 시험 직전 며칠간은 집중력을 높이기 위해 집 근처에 있는 스터디 카페에서 입시 재수생들과 함께 '열공'했다. 학창 시절 다녔던 독서실, 요즘 말로 스터디 카페는 시설도 좋아졌고, 관리도 엄격한 것 같았다. 아들, 딸 또래의 학생들과 밤늦게 공부하는 나의 모습에 스스로 많이 재미있기도 하고, 대견하기도 하고…. 제법 복잡한 감정의 시간들이었다.

기말시험을 일주일 남기고 대학원 동기 29명의 단톡방은 불이 났다. 앞서 공부하고, 정리한 선각자들이 정리한 노트를 쾌척하기 시작하면서 단톡방의 분위기가 뜨거웠다. 선각자들에 대한 온갖 미사여구와 칭송 수사어구들로 약간은 낯 뜨거운 글들이 넘쳐 났다. 너무 재미있었다. 거기다 새록새록 알게 된 정보들도 아낌없이 나누어 주기도 하고…. 평균 연령 40대~50대의 만학도들이 펼쳐 내는 뜨거운 학업 열기는 시험과는 또 다른 묘미를 느끼기에 충분했다.

하지만, 시험이 끝나고 다들 입을 모아 한 이야기가 웃프기도 하다.

"죽으라 입력은 했는데, 출력이 안 되더라. 하하…."

사람의 암기, 기억 능력은 나이가 들어 갈수록 뇌의 '해마(Hippocampus)'의 위축에 따라 단기 기억 능력이 점점 떨어진다고 한다. 다들 나이가 있다 보니, 기억이라는 측면에서 소위 '입력'은 엄청 했는데, '출력' 기능이 작동을 안 한다는 것이다.

만학(晩學)이 가져다주는 즐거움

매주 토요일 하루이긴 하지만, 다들 일과 학업을 병행하고 있기 때문에, 한 학기 15번의 토요일을 결석 없이 참석하는 것도 사실 쉽지가 않다. 하지만, 뒤늦은 코로나 환자 1명의 결석 外, 전원 한 번도 빠짐없이 출석을 했던 것으로 기억을 한다. 하루 종일 계속되는 수업이라 힘들기도 할 텐데, 외관상 조는 사람도 하나 없다. 대학원 수업은 일방적인 강의보다, 교수님과 쌍방향 소통하는 방식으로 진행이 되는데, 부끄러움도 없고, 뜨거운 학업 열정으로 그 쌍방향 소통 현장은 항상 뜨겁다. 나도 회사 회의 시간에는 침묵하는 경우가 많이 있었지만, 최근 수업에는 누구에게도 뒤지지 않을 정도로 적극적으로 참여하고 있다.

수업이 끝나고, 저녁 겸 술을 한잔하는 자리도 점점 잦아졌다. 지금 하고 있는 일, 나중에 코칭을 통해 펼치고 싶은 계획 등 열띤 토론의 자리가 밤늦게까지 이어진다. 회사 회식은 소위 '일' 그 자체였지만, 이 술자리는 '자발적인 활동'의 자리라는 것이 본질적으로 다른 점이었다.

그리고, 코칭은 많은 실습이 필요한데, 서로 역할을 바꿔 가며 실습을 하는 과정에서 개인적 문제와 내면의 이야기들을 자연스럽게 공유하다 보니, 그 어떤 성격의 교류나 모임보다 내적 친밀감이 빠르게 형성되고 있는 것을 느낄 수 있다. 학기 중에 금요일쯤 되면, 빨리 학교 가고 싶다는 글이 단톡방에 자주 올라왔었다. 나도 글을 올리진 않았지만, 늘 금요일 저녁이 되면 설레는 마음이 드는 것을 막을 수가 없었던 것 같다.

작년 말 임원 퇴임 후, 그동안의 인간관계로부터 인생의 덧없음을 뼈저리게 맛본 나로서는 지금, 여기서 만난 이 인생 후반전 동료, 동지(同志)들과의 관계가 얼마나 큰 삶의 활력, 삶의 원동력이 되고 있는지 모르겠다.

문득, 옛날 기억이 떠오른다. "실연(失戀)의 상처는 새로운 사랑으로 극복한다."라는 경험의 경구(警句)가….

성찰 여덟,
신년(新年) 계획 세우기

▌계획에 살고 계획에 죽는다

나는 MBTI 테스트를 해 보면, ISTJ와 ISFJ를 왔다 갔다 하는 결과가 나온다.

IS는 확실하다. 혼자 있을 때 에너지를 받고, 매우 현실적이며 인지적으로 문제를 풀어 간다. 또한, 일 처리를 할 때는 TJ 경향이 강해 계획과 목표를 매우 중요하게 생각하는 반면, 길을 가다 어려운 사람을 보면 자꾸 뒤돌아보고, TV 보면서 잘 우는 F이기도 하다.

어쨌든, 나는 직장에서나, 개인적으로나 항상 일을 시작하기 전에 계획을 세운다. 그리고, 그 계획에는 분명한 목표가 포함되어 있다. 웬만하면, 나중에 계획 대비 실적을 점검해 보는 편이기도 하다.

올해도 어김없이 새해가 밝았고, 나의 계획 세우기 DNA는 요동을 치고 있다. 사실, 올해는 나에게 매우 의미가 있는 해라, 특히 1년 계획 세우기가 중요한 해이기도 하다.

첫째, 한 직장을 다닌 지 올해로 꼭 30년을 채우는 해이다. 월급쟁이들에게 있어 한 직장에서의 30년은 상당히 의미가 크다고 볼 수 있다. 많은 표현이 가능하겠지만, 나 스스로에게 "대견하고, 수고했다."라는 말을 하고 싶은 것이 가장 우선이라 느껴진다.

둘째, 올해가 '월급'이라는 만병통치약이 끝나는 해이다. 현재로서는 내년 이후에는 이 약이 없이 살아가야 하는데, 사실 두려운 마음이 많다. 30년 동안 그래도 예측 가능한 범위 내에서 인생을 살아왔기에, 막막한 황무지 벌판을 걸어가야 하는 앞으로가 많이 두렵다.

셋째, 인생 후반전 새로운 정체성의 하나로 '전문 코치'라는 길을 선택한 나로서는 올 한 해가 꽤나 진도를 빼야 하는 중요한 해이기도 하다. 상위의 자격들도 취득해야 하고, 제대로 된 코치로서의 생각이나 태도, 스킬을 한층 무르익게 만드는 시간이 되어야 하기 때문이다.

성과는 좋은 계획으로부터 출발한다

정신건강의학 전문의 김병수 원장님은 저서 『아픈 줄도 모르고 살아가는 요즘 어른들을 위한 마음공부』에서 신년 계획의 중요성에 대해 이야기하고 있다. 누구나 다 신년이 되면 계획을 세워 보지만, 실제 외국의 한 연구에 따르면 새해 목표를 달성하는 비율이 8% 수준이었다고 하며, 이는 '공감 간극 효과(Empathy Gap Effect)'를 고려하지 않은 채 계획을 세우기 때문이라고 지적하고 있다.

'공감 간극 효과'란 목표를 이뤄 가는 자신의 통제력을 실제보다 높게 평가하는 경향을 말한다고 한다. 그러나, 원장님은 계획이란 그것을 꼭 완수해야만 가치가 있는 것은 아니며, 계획은 달성 여부와 상관없이 그 자체로 가치 있는 것이라 다소 위안을 주고 있다. 이에, 좋은 계획을 세우기 위한 다음의 5가지 황금 법칙(Golden Rule)을 제시하였다.

1. 단순한 계획

예를 들어, 책을 쓰기로 마음먹었다면 "하루도 빠짐없이 매일 글을 쓰겠다." 같은 단순한 계획이 좋다. "글을 쓰는 틈틈이 출판사도 알아보고, 책에 넣을 사진도 찍어야지." 이렇게 세부 계획이 늘어 가면 백발백중 실패한다.

2. 장기 계획

목표를 향해 올바르게 가고 있는지 확인할 수 있는 지표가 있어야 한다. 예를 들어, "1년 안에 초고를 완성하겠다."와 같이 구체적인 시간과 목표량을 정확히 해 두어야 한다.

3. 현실적인 계획

예를 들어, 직장을 다니면서 글을 쓰는 경우, 너무 무리하게 계획을 세우기보다 "일요일 오전은 무슨 일이 있어도 1시간씩 글을 쓰겠다."라고 현실 가능한 목표를 세워야 한다.

4. 성향과 어울리는 계획

자신이 아침형 인간인지, 올빼미형 인간인지에 따라 계획도 달라져야 한다. 자신의 성향을 정확하게 알고 그에 맞는 계획을 세우는 것이 중요하다.

5. 머릿속에 계획 떠올리기

계획을 주기적으로 떠올리고 진행 상황을 점검해야 한다.

다음으로는, 많이 알려져 있는 'SMART 기법'으로 계획을 세우는 방법이다.

1. Specific(구체적으로)

구체적인 목표를 세우는 것이 중요하다. 목표는 모호하지 않고, 명확해야 한다. 예를 들어, "운동을 열심히 하겠다."가 아니라, "조깅을 하루에 30분씩, 매일 하겠다."와 같이 구체적으로 계획을 설정해야 한다.

2. Measurable(측정 가능한)

측정 가능한 목표를 세워야 목표를 향한 진척 상황을 확인할 수 있고, 동기부여 유지가 가능하다. 예를 들어, "올해 책을 많이 읽겠다."가 아니라, '인문 서적 1주일에 1권 읽기'와 같이 숫자를 포함한 계획을 세우는 것이 좋다.

3. Achievable(달성 가능한)

달성 가능한 목표를 세우는 것이 중요하다. 자신의 역량과 상황을 고려하여 목표를 세워야 한다. 지나치게 비현실적인 목표는 오히려 의욕을 상실하게 만드는 원인이 될 수도 있다. 예를 들어, 전혀 준비가 되지 않은 상황에서 "올해 마라톤을 완주하겠다."라고 무리한 계획을 세우는 것보다 '올해 10km 단축 마라톤 완주가 목표'라고 현실적인 목표로 조정하는 것이 바람직하다.

4. Relevant(적정한, 나와 관련 있는)

나와 관련 있는 적정한 목표를 세우는 것이 중요하다. 예를 들어, 미국 유학을 준비하고 있으면서 '일본어 공부하기'와 같은 목표는 지속성이 떨어질 가능성이 높다.

5. Time-bound(정해진 기일이 있는)

목표는 정해진 기일이 있는 것이 좋다. 예를 들어, '3개월 내 TOEIC 900점 달성'과 같이 정해진 기일이 명확하면 실천력을 높일 수 있다.

▍좋은 계획과 성실한 실천은 성공의 열쇠

나의 인생 하프타임은 2025년으로 끝이 난다. 내년이면 인생 후반전이 시작된다. 올 한 해 제대로 된 계획과 우직하고 성실한 실천을 통해, 다시 돌아오는 겨울, 나 스스로를 바라보며 또 한 번 대견한 마음을 가지기를 기대해 본다. 내 곁엔 항상 응원해 주는 가족이 있기에 힘들지 않을 것 같다.

성찰 아홉,
오십 중반에 가 본 논산 훈련소

○ ● ○

> **대한민국 육군 신병 양성의 요람**

어제 처제의 아들이 논산 훈련소에 입대하였다.

아내와 처제는 워낙 각별한 우애를 보이는 사이라, 아내는 자기 아들 일인 양 한걸음에 논산까지 따라갔다. 물론 운전기사로 나를 동원하긴 했지만…. 2시간 30분 정도 고속도로를 달려 도착한 논산 훈련소는 생각보다 깔끔하게 정돈된 부대 모습을 보여 주고 있어 많이 놀란 것이 사실이다. 나는 1990년 1월에 입대를 하였는데, 논산 훈련소를 거치지 않고, 의정부에 있던 306 보충대를 통해 입대하였기 때문에 논산 훈련소는 사실 처음 가 본 셈이었다.

네이버와 나무위키 등을 통해 자료를 검색해 보니, 육군의 경우, 과거 102 보충대(강원도 춘천), 306 보충대(경기도 의정부), 그리고 논산 훈련소 3곳의 입영 부대가 존재했었다. 하지만, 현재는 102 보충대와 306 보충대는 폐지되어 논산 훈련소가 유일한 육군 신병 교육의 요람으로 자리 잡게 되었다고 한다. 논산 훈련소의 경우 정식 명칭은 '육군 훈련소'이며, 민간에서 논산에 위치하였다 하여 논산 훈련소로 불리고 있다고 한다.

옛날이나 지금이나 아들을 배불리 먹여 보내고 싶은 부모의 마음: 불고기

입소 시간이 오후 두 시까지라 보통 조금 일찍 도착해서 근처에서 점심을 먹는다. 우리도 미리 알아 놓았던 식당에서 점심을 먹었다. 훈련소 주변 식당은 약속이나 한 듯이 대부분 불고기를 파는 식당이 많았다. 우리가 식사를 한 곳도 불고깃집이었다. 옛날 먹는 게 그리 넉넉하지 않던 시절부터, 군에 보내는 아들을 마지막으로 고기라도 먹여 보내고 싶은 부모님들의 마음을 대변하는 것이 아닐까 하는 생각이 문득 스쳐 갔다. 지금이야 고기 먹는 게 흔한 일상이지만, 옛날이야 그랬나? 큰맘 먹고 한 번 먹는 것이 고기였고, 종류도 그나마 불고기가 전부였던 것이다.

이날이 긴 설 연휴 후 첫 입소 날이라 1천여 명 정도가 입소를 한다고 하였다. 그래서 그런지, 식당 안은 빈 좌석이 없이 문전성시였다. 재미있는 것은 모든 테이블에 머리를 빡빡 민 청년 한두 명이 자리하고 있는 것이었고, 거동이 불편하신 할머니, 할아버지들께서도 먼 곳까지 오셔서 손자 입대를 아쉬워하고 계셨다. 주로 어머니들은 별말씀 없이 아들의 밥그릇에 고기 한 점 얹어 주기가 바쁜 모습이었고, 아버지들은 다소 굳은 얼굴로 이를 묵묵히 바라보고만 계신 듯했다. '다들 마음이 무겁고, 복잡하실 거야…'

세월의 흐름을 직감하게 해 준 육군 훈련소

부대 안 정해진 주차 공간에 차를 세우고, 처제 내외와 우리 부부, 그리고 조카는 행사가 있는 연병장으로 걸어갔다. 나는 그 잠깐의 걷는 시간 동안 세월의 흐름을 바로 느낄 수 있었다. 군부대 안에 '파리바게뜨'가 입점해 있었다. 아마도, 일과 중 여가 시간이나, 휴무일에 이용할 수 있을 것 같은데, 요즘 신세대 장병의 취향을 고려한 입점이라는 생각이 들었다.

그리고, 군 장병들이 이용하는 매점인 PX 또한, 갖추고 있는 물건들이 웬만한 마트 수준이어서 깜짝 놀랐다. 신세대 장병들을 위한 피부 연고, 선크림도 있었다…. 옛날을 생각하니 격세지감이었다. 옛날엔 기껏해야 냉동 만두, 소시지, 고추장 정도 사는 곳이었는데….

연병장도 인조 잔디를 멋지게 깔아 놓아 훌륭하였고, 부대 안 시설들도 모두 깨끗하고 보기 좋게 지어져 있었다. 이 모두가 세월의 흐름이자, 동시에 국가 경제 발전의 반증이 아닐까, 새삼 흐뭇함이 입가에 머금어지는 것을 느꼈다.

5주 뒤 이들은 머슴아이에서 진정한 사내로 변하게 된다

두 시부터 약 15분 정도 입소식이 거행되었다. 잠깐의 예행연습을 하고도 본 식에서 크게 흐트러짐 없이 경례나 제식을 소화해 내었다. 신기하다. 집에 있었으면, 한 열 번은 이야기해야 침대에서 일어날 텐데…. 정확하게 '현타'가 온 모양들이다.

이날부터 5주간의 훈련이 이곳 육군 훈련소에서 실시된다고 한다. 옛날에는 잘 안 씻겨서 훈련소 마칠 때쯤이면 얼굴이 시커멓게 변해서 얼굴 검은 정도로 입소 시기가 명확하게 구분되는 웃픈 현실이 있었는데, 요즘에야 어디 그럴까? 5주간의 규칙적인 생활과 기초 군사 훈련을 받게 되면, 이날 모인 머슴아이들은 드디어 멋진 사내로 재탄생하게 될 것이다. 각자의 안타까운 사정이나, 상황들도 물론 있겠지만, 이처럼 새로운 모습으로 재탄생하게 되는 것도 큰 의미가 있는 일이라 생각되고, 앞으로의 인생을 살아가는 데 도움이 많이 될 수 있을 거라 확신한다. 세상 살면서 겪는 모든 일은 내가 어떻게 그 일을 바라볼 것인가 하는 소위 '프레임'에 따라 그 의미가 완전히 달라질 수 있기 때문이다.

입대와 제대한 기억이 아직 기억에 선한데, 벌써 세월이 흘러 아들들이 이렇게 입대를 하는 나이가 되었다. 나는 이곳 육군 훈련소에서 세월의 힘과 만감이 교차함을 동시에 느낄 수 있었다. 아울러, 이러한 우리 아들들의 숭고한 희생으로 우리가 모두 편히 생업과 일상에 종사할 수 있다는 사실을 새삼 다시 한번 깨닫게 되는 하루였던 것 같다.

"멋지다, 우리 아들들…! 부디 건강한 몸과 마음으로 전역하고, 집으로 돌아들 오너라…! 충성!!"

성찰 열,
인생 첫 책이 나왔다…

○ ● ○

▌작가는 무슨… 그냥 저자(著者)입니다

드디어 기다리던 인생 첫 책이 나왔다.

회사의 예고 없는 해고 통보로 잘나가던 '대기업 전무'가 하루아침에 '퇴직자'로 전락해 버린 나의 지난 1년을 담담하게 써 내려간 기록이다. 아직 작가라는 호칭을 듣기에는 민망함이 앞서는 수준이라 그냥 책의 저자(著者)인 것이 마음이 홀가분한 것 같다.

혹시 회사와의 관계에 불편함이 생길까 하는 우려에 책에서는 깊이 언급하지는 않았지만, 솔직히 마지막 2년간의 회사 생활은 그전까지 청춘을 불살랐던 나의 사랑이 완전히 돌아선 '부정(否定)의 시간'이었다. 이전에 겪어 보지 못했던 황당함과 절망의 시간들로 가득 차 있었다.

그래서일까? 예고 없는 해고 통보에 나의 감정들은 미쳐 날뛰듯 여러 갈래로 널뛰었고, 좀처럼 마음을 잡기가 어려웠다. 그래서 택한 방법이 글쓰기였다. 순간순간 치밀어 오르는 감정들을, 하루하루 일어나는 생소한 일들을, 글로 옮겨 적어 놓고 보면 이상하리만큼 마음이 정리되고 진정이 되는 것을 느낄 수 있었다. 아마도 '메타인지(Metacognition)'의 활용이 극대화되는 작업이 글쓰기가 아닐까, 이제는 이해를 하게 된 것 같다. 그러면서 자연스럽게 '알아차림(Awareness)'이 반복되면서 지난 1년이 깊은 부정(否定)의 계곡에서 새로운 희망과 열정의 봉우리로 치달아 간 것이라 생각된다.

▎작가에 도전할 꿈을 꾸다

이제 글을 쓰는 일이 일상의 한 부분이 된 듯하다. 아직은 흰 백지의 공간을 대할 때마다 부담이 큰 것이 사실이지만, 내가 최근 일상에서 하는 일 중, 유일하게 집중하는 시간이 바로 글 쓰는 시간이기도 하다. 좋아한다는 방증(傍證)이다.

심리학자 미하이 칙센트미하이(Mihaly Csikszentmihalyi)의 '몰입(Flow)'을 언급하지 않더라도, 글 쓰는 일은 내가 일상에서 하고 있는 일 중 유일하게 시간 가는 줄 모르고 집중하는 일이 되었다. 미하이 칙센트미하이는 "사람은 누구나 최소 한 가지씩 몰입할 수 있는 일을 가질 때 비로소 행복하다."라고 하였다.

최근 인생 후반전, 내가 살아 보고 싶은 몇 가지의 '정체성'을 정리해 보고 있다. 그중 가장 우선순위가 높은 것이 '글 쓰는 나'가 아닐까 생각된다. 공부하고, 성찰하고, 사유한 것을 글로 정제하여 표현하고, 이를 익명의 동지 (同志)들과 공유한다는 것은 매우 매력적인 일이라 생각된다. 글로 돈을 벌 능력은 없어 보인다. 아니, 그럴 생각은 없다. 그냥 좋아해서 쓰고, 나누어 보면서 또 한 번 더 좋으면 된다.

올해가 가기 전에 두 번째 책을 낼 계획이다. 경영의 구루 피터 드러커가 말했다고 한다. "나의 인생은 육십을 넘어서부터 황금기였다."라고…. 이왕 시작한 일, 힘이 없어질 때까지는 해 보려 한다. 얼굴을 알지는 못하지만, 뜻을 같이하는 많은 글 쓰는 동지(同志)들이 있기에 힘들거나 외롭지는 않을 듯하다.

성찰 열하나,
도심 속의 치열한 삶의 현장, 전통 시장

○ ● ○

│ 세월의 흐름을 거스르는 곳: 추억의 장소

어릴 적 엄마 손을 잡고 다니던 시장은 어린 두 눈에 '신천지(新天地)'였다.

요즘처럼 인스턴트 푸드나 풍성한 간식거리가 존재하지 않았던 그 시절, 시장은 어린 나의 눈과 귀, 코의 감각을 극댓값으로 활성화시키면서, 심장 박동 또한 최대치로 올려 주는 데 모자람이 없었던 곳이다. 집에서는 먹기 힘들었던 온갖 음식과 식재료, 주전부리… 동화책에서 읽었던 임금님 수라상이 내 눈앞에 펼쳐진 착각을 불러일으키기에 충분했다.

지금도 떠오르는 엄마의 목소리는 대부분 "너무~ 비싸다. 좀 싸게 주세요…."의 일색이었다. 지금 생각해 보면, '정말 비쌌을까?' 싶기도 하지만,

"아유, 남는 것도 없다. 그렇게 가져가세요." 맞받아 주던 상인 아주머니의 반응과 합쳐져서 완성되면, 이들의 대화는 '흥정'이라기보다, '인정(人情)의 상호 교환', '세상 사는 맛을 느끼는 과정'으로 이해가 된다.

국민학교 저학년 시절 살던 동네는 시장과 인접해서 나는 시장에 자주 갔었던 것 같다. 엄마 없이 혼자서도 갔었고, 친구들과 어울려 놀면서 경유하는 장소 중 하나가 되기도 했었다. 시장 어귀에는 어묵을 직접 만들어 파는 곳이 있었는데, 이 집은 시장에서 나의 최애(最愛) 장소였다. 늘 모락모락 올라오는 따뜻한 김이 가게 안을 메우고 있었고, 고소한 냄새가 나의 코를 잡아끌기에 충분했었다. 싱싱한 생선 살을 갈아 바로 만들어 그 자리에서 맛보는 따끈한 어묵 맛은 사십 년이 훌쩍 넘은 지금도 내 기억 속에 선명하게 자리 잡고 있다. 그래서 그런지, 지금도 가끔 시장에 들를 일이 있을 때는 나는 어묵집 앞에서 서성거리는 것이 습관이 되었다.

▎삶의 활력과 생동감이 넘치는 곳

다행히 아내도 시장을 좋아하는 편이다. 물론, 대형 마트, 창고형 마트에서 장을 보는 경우도 많지만, 간단한 식재료는 시장을 찾는 경우가 많다. 아내의 경우에는 소량의 물건이지만, 싱싱하고 질이 좋은 물건을 살 수 있기 때문이라는 이유가 시장을 즐겨 찾는 이유이다. 하지만, 나는 시장에서 두 가지를 느끼고, 찾으려 하는 것 같다. 첫째는, 어릴 적 추억이다. 무의식에 잠재된 그 기억과 느낌이 시장을 찾으면 새록새록 올라오기 때문에 그 느낌을 즐기려 시장을 찾는다. 둘째는, 삶의 활력과 생동감을 느끼기에 시장만 한 곳이 없기 때문이다. 상인의 호객하는 소리, 여기저기 흥정하는 소리, 짐을 실은 분들이 지나가며 외치는 고함 소리…. 어느 목소리도 우울하거나 처져 있는 것이 없다. 에너지가 넘치는 곳이다.

최근 시장은 옛날만큼은 아니지만, '수요와 공급'이 만나는 단순한 '경제 행위의 장(場)'을 떠나 '삶의 활력과 에너지'를 주고받는 '마음 단련의 장(場)'인 것은 여전하다. 그렇기 때문에, 내가 지치고 힘든 일상에서 잠깐 반성의 시간을 가질 수 있는 곳, 하루도 빠짐없이, 수많은 세월을 한결같이 살아오신 상인들의 인생을 떠올리며 '배부르고 게으른 나'를 질책할 수 있는 곳이다. '내가 아무리 힘들다 해도, 저분들의 일상과 인생에 비하면 새 발의 피인데… 부끄럽다….' 스스로를 돌아보며 마음을 다잡는다.

도심 속의 전통 시장: 일상의 성찰 마당

새로 이사한 아파트 근처에도 큰 전통 시장이 있다. 아내와 일주일에 두세 번은 장을 보러 간다. 어떻게 생각하면, 시장이 있어 주변이 지저분해질 수 있으니, 고급 아파트 이미지를 만드는 데 도움이 안 될 수도 있는 것 아닌가? 글쎄… 정답은 없겠지만, 그럴 수도 있겠다는 생각은 든다.

하지만, 각박한 콘크리트 숲에서 일상을 살아가면서 메말라 가는 나의 멘탈에 촉촉한 습기를 유지해 줄 수 있는 곳이 바로 시장이 아닌가 생각한다. 지나가는 사람들을 구경하는 것도 많은 생각을 갖게 하고, 상인분들을 보면서도 좀 더 겸허해지는 마음을 가질 수 있기도 하고, 한참을 줄 서서 산 뜨거운 호떡 하나를 호호 불면서 먹으면서도 잠깐 웃을 수 있는 여유를 갖기도 하고….

도심 속의 전통 시장… 일상에서의 성찰의 도량(道場)이다.

성찰 열둘,
선(善)한 역주행(逆走行)

○ ● ○

▍몰입(沒入)의 역주행

인생을 살면서 때론 역주행(逆走行)의 묘미(妙味)에 빠지는 일이 있다.

물론 도로 위 역주행은 절대 아니다. 도로 위 역주행은 법을 찾아보니, 상당한 벌금과 과태료, 심하면 구류까지도 살게 되는 처벌이 수반된다. 그리고, 자칫하면 큰 사고로 이어져 인명이 손상되는 엄청난 결과도 가져올 수 있기도 하다.

그런 위험천만한 역주행 말고, '몰입'을 불러오는 역주행의 이야기를 해볼까 한다.

첫 역주행

나의 첫 역주행의 기억은 2000년대 초반 IT 열풍과 함께 전국을 들썩이게 했던 플랫폼 '아이러브스쿨'이다.

아이러브스쿨은 1999년 KAIST 박사 과정에 있던 분이 동료들과 150만 원으로 사업을 시작해 1년 만에 500만 명의 회원을 확보했던 학연(學緣)을 연결해 주는 플랫폼이었다. 당시 수많은 사람이 플랫폼 내 출신 학교별 그룹에서 온라인으로 연결이 되고, 오프라인에서 수시로 모임을 갖게 되면서 전국을 동창회 열풍으로 몰아넣었다. 나는 출신 중학교가 당시에는 귀했던 남녀공학을 나온 탓에 특히 활발한 활동을 했었던 것 같다. 뭐랄까? 외모는 어른으로 성장하였지만, 기억과 마음은 중학교 때 머물러 있는 이중의 페르소나들이 만나서 만들어 내는 인티머시(Intimacy)는 묘한 중독성을 발휘하며 사람을 빠져들게 했던 것 같다.

이제는 중년이 되어 버린 지금, 아이러브스쿨 서비스가 우리 곁에서 사라진 지도 오래되면서 그때 그 친구들은 어찌 살고들 있는지 많이 궁금하다…, 그때보다도 훨씬 더 발전된 시대를 살고 있지만, 나의 게으름과 무지 탓인지 그들과 연결될 수 있는 길을 찾기가 쉽지 않다.

두 번째 역주행

나의 두 번째 역주행은 소위 IPTV(Internet Protocol TV)의 등장으로 가능했었다.

인터넷 스트리밍 기술이 발달하면서 드디어 2006년 국내에도 처음으로 IPTV가 등장하게 된 것이다. 지금이야 IPTV, OTT(넷플릭스, 티빙 등)*, 유튜브 등과 같은 VOD** 방식이 흔하지만, 당시의 VOD 중심의 IPTV 등장은 획기적인 사건이었다. 방송사에서 재방송을 편성해 보여 주지 않더라도, 언제든지 내가 보고 싶은 방송을 볼 수 있게 되었기 때문이다.

2008년 소위 '막장 드라마'의 원조 격이라 할 수 있는 S 본부의 「아내의 유혹」은 나의 금요일 밤을 역주행으로 환하게 밝혀 주었던 것 같다. 일주일간 지친 몸과 마음이었지만, 말도 안 되는 스토리의 막장 드라마를 이어서 보는 즐거움은 그 피곤함을 남의 일인 것처럼 느끼게 해 주는 데 충분할 정도로 몰입할 수 있었다.

이후에도 평소에는 드라마를 잘 보지는 않지만, 어쩌다 한 번 보게 된 드라마의 역주행은 나를 무섭게 몰입형 인간으로 변신시켜 주곤 한다. 최근에는 세계적 작품인 「오징어게임」과 김남길 배우가 주연한 「열혈사제」에 빠져 한동안 집에서 리모컨을 독점했었다.

---

* OTT(Over-The-Top)는 인터넷을 통해 제공되는 동영상 콘텐츠 서비스를 의미함. 기존의 IPTV나 케이블 TV와 달리, 인터넷만 있으면 TV, 스마트폰, 태블릿, PC 등 다양한 기기에서 자유롭게 시청할 수 있다.

** VOD(Video On Demand, 주문형 비디오)는 사용자가 원하는 영상을 원하는 시간에 선택하여 시청할 수 있는 서비스임. 기존 TV 방송은 정해진 시간에 맞춰야 하지만, VOD는 영화를 보듯 원하는 시간에 원하는 콘텐츠를 재생할 수 있는 방식이다.

나는 지금 행복한 역주행 중

최근 새로 역주행 중인 행복한 일은 큰딸과의 애정 전선이다.

큰딸이 태어난 무렵, 나는 새로운 부서로 이동하여 낮과 밤의 구분이 없이 일을 하고 살았었다. 그 부서의 오랜 조직 문화 탓에 우리는 '월, 화, 수, 목, 금, 금, 금'이 일상화되어 있었고, 저녁을 먹고도 한 명의 예외 없이 사무실 복귀, 열두 시가 다 되어 퇴근하면서도 열외 없는 한잔 술에 나는 찌들어 있었다. 그러니, 첫애를 낳은 기쁨도 잠깐, 아이가 커 가는 귀여움과 이를 바라보는 행복함은 남의 일이 되어 버렸다. 심지어 잠깐의 휴일이 생긴 틈은 그다음 주를 보내기 위한 체력 비축의 시간이었기 때문에 잠깐의 육아에도 짜증을 내고, 힘들어했던 부끄러운 아빠였다.

그것도 모자라 아이가 세 살이 되던 해에는 6개월 단신으로 중국 연수를 가게 되면서 도무지 나와 큰딸은 서로의 존재를 알아 갈 기회가 없게 되었다. 나의 부재중에 딸아이가 가족들 모임에서 이모부를 보고 아빠라 부르고 따라다녔다는 웃지 못할 슬픈 이야기를 한국 복귀 후 들으면서 많은 생각에 잠겼던 기억이 선하다.

이후 많은 반성을 하였지만, 회사 생활은 좀처럼 나아질 기미가 없었고, 아이 또한 점점 성장해 가며 자연스럽게 아빠와 거리를 더 두는 결과가 만들어졌다. 사춘기를 지나면서는 절정에 달했던 것 같다.

딸아이는 지금 대학교 2학년이다.

나는 체질적으로 술을 잘 못하는데, 딸아이는 양쪽 할아버지들의 무한 주량 유전자를 가지고 태어났는지, 술을 좋아하고 잘 마시기도 한다. 나 또한 퇴직을 하고, 코칭을 공부하며 말 한마디 건네는 것도 신경을 써서 하게 되고, 그동안의 과거에 대한 죄책감으로 시간을 일부러 만들어서라도 딸아이와 술자리를 가지고 있다. 술 한잔 들어가면 서로에 대해 그동안 못했던 이야기도 자연스럽게 끄집어내고, 서로의 생각을 충분히 이야기하곤 한다.

이야기를 듣고 있노라면, 딸아이도 이제 많이 큰 것 같다. 생각도 깊고, 주관도 뚜렷하고… 나에 대한 서운함도 또박또박 논리적으로 이야기한다. 여유가 생긴 것일까? 과거에 대한 후회와 죄책감일까? 내가 변해 가는 것일까? 그런 딸아이가 밉기보다 고맙기만 하다. 어제처럼 아주 기분 좋은 시간을 보낸 경우는 '철벽'을 치던 딸아이가 과감하게 볼 뽀뽀도 허락을 해 준다…. 어제는 둘 다 취해서 허그를 몇 번이나 한 건지….

"그래, 그동안 우리가 서로를 너무 몰랐어. 서로 사랑할 시간을 많이 잃어버렸고…. 당분간 신나게 역주행하자꾸나…. 다시 정주행의 사랑을 할 수 있을 때까지 원 없이 역주행하자꾸나…."

성찰 열셋,
'넘사벽'의 인물을 만나다

○ ● ○

구글 임원에서 실리콘밸리 알바생이 되었습니다

> … 2023년 초 구글에서도 구조조정으로 1만 2,000명의 직원을 해고했습니다. 그리고, 그 1만 2,000명 중에는 저도 있었죠. 새벽에 날아온 이메일 한 통엔 이런 말이 적혀 있었어요. "네 자리는 없어졌어. 오늘부터 출근하지 않아도 돼."
>
> '그래, 직장 생활을 30년이나 했으니 이 기회에 나도 갭이어(Gap Year)라는 것을 한번 가져 보자.' 그렇게 로이스의 '1만 명 만나기 프로젝트'가 시작되었습니다. 저는 2023년을 트레이드 조의 아르바이트생으로, 스타벅스의 바리스타로, 공유 운전 서비스인 리프트의 운전사로 일하며 보냈습니다. 때때로 고양이 돌보기 같은 펫 시팅(Pet Sitting) 일도 했고요.
>
> — 정김경숙, 『구글 임원에서 실리콘밸리 알바생이 되었습니다』 中

TV 프로그램 「유퀴즈」를 통해 얼굴이 알려진 정김경숙(Lois Kim) 씨는 모토로

라코리아, 한국릴리를 거쳐 구글에서 약 16년간 커뮤니케이션 업무를 담당하였고, 2019년 이후에는 미국 구글 본사에서 커뮤니케이션팀의 디렉터를 역임했다. 비원어민으로서는 최초의 구글 본사 커뮤니케이션 디렉터라고 한다. 직장 생활을 해 보고, 임원으로서도 살아 본 나로서는 이 간단한 내용만으로도 그녀가 대략 어떤 사람이고, 어떤 삶을 살았을지 충분히 가늠이 되고도 남는다.

'갭이어(Gap Year)'라는 말은 보통 고등학교와 대학교 사이, 혹은 대학교를 졸업하고 취업하기 전에 재충전 시간을 갖는 것을 말한다. 여행을 떠나거나 새로운 경험을 해 보는 시간인 것이다. 그녀는 대학 졸업과 유학, 30년간의 회사 생활 내내 단 한 차례의 갭이어도 없이 목표를 향해 달려온 소위 '여전사'였다. 심지어 세 번의 회사를 옮기는 과정에서도 금요일에 퇴직하고, 월요일에 새 회사로 출근하는 지독함마저 평범하게 실행해 내는 '독종(?)'이었던 것이다.

그렇게 살았던 그녀가 어느 날 갑자기 날아온 해고 메일 한 통으로 갭이어를 가지며 도전하는 다양한 일들과 그 과정에서 보여 주는 그녀의 거침없는 실행력은 비슷한 상황에 처해 있는 나에게 엄청난 경종을 울려 주게 되었다.

그녀의 도전: '두꺼운 알을 깨고 맨몸으로 세상에 나오다'

그녀의 프로젝트에서 도전하는 일들을 보고 나는 새삼 놀라지 않을 수 없었다. '충격적이다.'라는 것이 조금 더 솔직한 표현이지 않을까 싶다.

나와 똑같이 55세의 나이에, 30년의 직장 생활을 이메일 한 통으로 강제 종료 당해 버린 그녀지만, 그녀는 나와는 생각의 차원이 다른 사람이었다.

그녀에게는 억울함, 좌절감, 수치심 등의 감정이 지배하는 시간이 그리 길지 않았다. 그리고는 바로 그동안 만나 보지 못했던 다른 사람들, 1만 명을 만나면서 새로운 경험, 새로운 인생의 동료와 스승을 찾아보겠다며 소위 '몸으로 뛰는' 일들을 찾아 나선 것이다. 더욱 놀라운 것은 그런 일들의 리스트를 미리 작성해 가지고 있었다는 점이다.

식료품 매장인 '트레이더조'의 크루, '스타벅스' 바리스타, 공유 운전 서비스 '리프트'의 기사, 펫 시팅…. 나로서는 생각해 본 적도, 생각해 볼 수도 없었던 일들이었다. 그녀는 그 과정을 주도적이고, 적극적으로, 창의적 변화를 시도해 가며 즐겼다. 같이 일하는 동료들과도 서슴없이 친밀감을 쌓아 갔고, 운행 중 만나는 다양한 고객들과도 스스럼없이 소통하였다. 하루 몇 시간 잠을 자지 못하는 고통 정도는 그녀에게는 큰 문제가 되지 않아 보였다.

'대단하다, 놀랍다, 부끄럽다, 존경한다…'

이 책을 읽는 동안 계속 내가 그녀에게 하고 싶은 말이다.

우연히 사서 읽게 된 그녀의 인생 후반전 도전 기록! 나름 열심히 살고 있다고 자부하는 나에게 큰 울림을 주었다. 앞으로 코칭을 통해 만나게 될 수많은 사람과의 만남을, 나 또한 그녀와 같이 귀중한 경험의 시간으로 만들어 보겠다고 마음을 다잡아 본다. 그리고, 그녀가 보여 준 '진정한 도전'을 보면서, 나의 앞으로의 도전에도 그다지 경계선은 중요하지 않을 것 같다는 자신감도 가져 본다. 무슨 일이든 도전해 볼 수 있을 것 같다.

'세상에는 참 많은 배울 점과 참 많은 스승이 존재하는 것 같다….'

성찰 열넷,
퇴직 후 일 년을 돌아보다

○ ● ○

▌비자발적 퇴직이 가져다주는 심리적 고통

대기업을 비자발적으로 퇴직한 임원들이 겪는 심리적 어려움에 대한 한 연구*가 있다.

이 연구에 따르면, 비자발적 퇴직을 한 임원들은 공황 상태부터, 좌절, 현실 부적응 등의 복잡한 단계와 심리적 갈등을 겪는다고 한다. 나 또한 지난

---

* 대기업 임원들이 비자발적 퇴직 이후 겪는 심리적 어려움에 대한 질적 연구(구자복, 정태연, 2019)
"그들은 퇴직 직후 '인지적 공황'과 '정서적 공황'을 경험했다. 퇴직 통보라는 예기치 못한 충격적 경험으로 인해 사고의 마비를 가장 먼저 경험했으며, 그다음 나타나는 부정적 정서를 인지적으로 억압하여 드러내지 않으려 했다. 숙고적 단계에서 퇴직자들은 '과거 자신이 가장 잘나가던 모습으로 완전한 복원'을 꿈꾸지만, 이런 기대가 좌절되는 상황에서 '비현실적 사고', '자기기만'과 '책임 전가'로 인해 현실에 더욱 부적응하게 되었다. 체념 단계에서, 장기간의 욕구 충족 실패는 그들에게 패배감과 무력감을 경험하게 했다."

일 년 전, 이와 비슷한 감정의 틈바구니에서 한동안 힘들어했다.

▌일 년이 지난 지금 내 모습은 어떠한가?

앞으로의 미래에 어떤 모습으로 살아갈 것인가에 대한 지속적인 노력과 반문 外, 이렇듯 복잡하고 부정적인 감정의 응어리는 대부분이 해소되었다. 인간이 가진 위대한 능력인 '망각(妄却)의 힘', '회복탄력성(Resilience)', '성찰(省察)의 힘'이 가져다준 선물이었다.

지난 연말, 국내 대기업들에서는 역대 최대 규모의 임원들이 바깥세상으로 쏟아져 나왔다. 내가 다닌 SK에서도 역대 최다 230여 명이 전진(前進)을 멈추게 되었다. 이들 중, 보수적으로 본다 하더라도 50%는 비자발적 퇴직으로 인한 감정의 굴레를 경험하게 될 것이다. 지나 본 사람으로서는 무척 가슴 아픈 일이다. 하지만, 그들도 각기 시간의 차이가 있을 뿐, 나처럼 다시 전진하는 시간이 분명히 찾아올 것이다.

▌지난 일 년, 목표 달성 100%

돌아보니, 참으로 많은 일을 치열하게 하면서 지나온 것 같다.

부정적 감정의 굴레를 벗어나자마자, 코칭의 과정에 들어섰다. 일차 관문인 'KAC(Korea Associate Coach) 자격'을 취득했다. 그리고는 가을부터 국민대 리더십과 코칭 MBA 과정을 다니고 있다. 학기를 마치고 손에 쥔 성적표는 훌륭하다. 금년 봄, 두 번째 관문 'KPC(Korea Professional Coach) 자격*' 취득을 위해 지난 가을과 겨울을 오롯이 바쳤고, 이제 마무리 준비에 한창이다.

중국 주재원 시절 유창했던 중국어를 잊어버릴까, 다시 취업을 하게 되면 필요할까 해서 '중국어 능력 시험(HSK) 5급'도 취득했다. 두 달여간의 준비 과정은 생각보다 힘들었던 것 같다. 역시 암기력 저하에 따른 ROI(Return on Investment)가 떨어지는 힘든 공부 과정이었다.

감정의 응어리를 풀어 오는 과정과 이처럼 미래를 준비하는 과정에 대한 비망록을 꾸준히 글로 남겼고, 드디어 책으로 만들어 세상에 나오게 되었다. 비록, 초기 부족한 글솜씨로 적어 나온 내용이지만, 인생의 중요한 시기를 거치며 느낀 다양한 감정들에 대한 진솔하고 담백한 기록, 처음으로 혼자 찾고, 배워 가며 새로운 인생을 준비해 나가는 과정들에 대한 생생한 기록이기에, '나의 간절함의 흔적'이라는 점에서 작은 의미를 찾고 싶다. 이미 브런치 스토리에서는 다음 글을 써 나가고 있다. 이 글도 마무리가 되면 책으로 내는 작업을 할 계획이다.

관광이 아닌, 일상과 이상의 연결로서의 여행도 제법 다녀온 것 같다. 국내외 10회 가까이는 되는 것 같다. 그 시간들은 '성찰(省察)'이라는 큰 의미를 가진 시간으로 잘 정리되었다.

---

* 2025년 4월 KPC 자격을 취득하였다.

다시 전진한다!

새로운 한 해는 앞으로의 미래를 위한 준비 기간이다.

명확한 의미와 목표가 존재하기에 희망이 있고, 의지가 있고, 열정이 따라온다. 하지만, 지난 과거 범했던 실수는 하고 싶지 않다. 가끔 쉴 줄도 알고, 무엇이 중요한지 곰곰이 생각해 볼 줄도 알고, 주변을 돌아볼 줄도 알면서 살고 싶다. 이제 주변에는 늘 그 자리에 있어 주는 가족 외에도 대학원 식구들도 있고, 코칭으로 알게 된 새로운 분들도 많이 있어 외롭지 않을 것 같다. 오히려, 새로운 재미와 새로운 세상을 알아 가는 시간들이 희망찰 것 같다.

'나는, 다시 전진한다!'

성찰을 돕는 책 1: 루퍼트 스파이라, 『알아차림에 대한 알아차림』

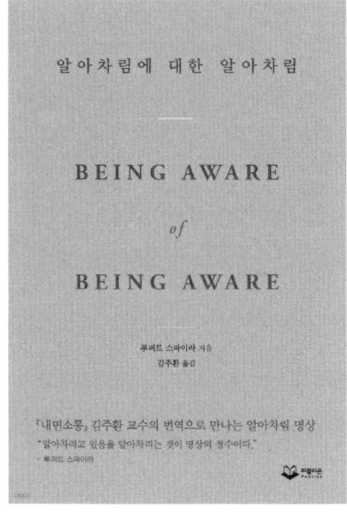

『알아차림에 대한 알아차림』

BEING AWARE OF BEING AWARE

저자 루퍼트 스파이라는 세계적인 도예가(陶藝家)로 명성을 떨쳤다. 영국의 유명 뮤지엄에서 그의 작품들을 영구 컬렉션했으며, 엘리자베스 여왕이 한국에 올 때 대통령에게 줄 선물로 가지고 온 것이 바로 루퍼트 스파이라의 도예 작품이었다. 이제는 작품 활동을 접고, 명상 지도에만 전념하고 있다.

옮긴 이 김주환 교수는 연세대 언론홍보대학원장을 역임하였고, 우리에게는 '내면소통', '명상', '회복탄력성' 등으로 유명한 분이다.

'알아차림(Awareness)'은 남방불교의 '사티(Sati)'가 서방으로 전해져 한동안 '마음챙김(Mindfulness)'으로 번역되어 사용되던 것이 최근에 '알아차림(Awareness)'으로 개념이 바로잡힌 것이라 알려져 있다. 법륜 스님의 가르침을 빌리자면, '스스로 자기를 살펴 깨닫는 것, 즉 판단 없이 자신의 생각, 감정, 행동을 살펴서 깨닫는 것'을 말한다.

'알아차림'은 또, 인지행동치료(CBT, Cognitive Behavior Therapy)에서도 중요한 개념으로 활용이 되고 있다. 예를 들어, 우리가 일상에서 '화가 난다', 또는 '열받는다'라고 말할 경우, 이는 지금 화가 난 감정과 자신을 동일시하고 있는 데 반해, 인지행동치료에서는 알아차림을 통해 '지금 내가 화를 내고 있구나', '지금 나에게 화가 올라오고 있구나' 하고 화가 난 감정과 나를 분리하여 인지하게 함으로써 치료나 해결이 가능하도록 하는 것이다.

버릴수록 본질에 가까워진다

현재 명상 전문가인 저자 루퍼트 스파이라는 이 책에서 명상을 통한 알아차림에 대해 정리하고 있다. 나에게는 다소 어려운 면이 없지 않은 내용이지만, 핵심적인 메시지는 단순하여 나에게 울림을 전해 주는 점이 있었다.

그는 명상은 특별한 깨달음이나 경험을 위한 것이 아님을 강조한다. "진정한 행복은 '대상적 경험(Objective Experience)'을 통해서 얻어지는 것이 아니다. 우리가 갈망하는 온전한 평온함과 진정한 행복은 이미 우리 안에 늘 있는데, 그것이 바로 알아차림이다. 우리는 늘 알아차림을 알고 있으나, 주의를 '대상적 경험'에 집중하느라 간과하고 있을 뿐이다. 알아차림 자체가 '진짜 나'이다."

　나의 해석으로 풀어 보면, 우리가 명상을 하는 것은 특별한 깨달음을 얻기 위한 행동이 아니라, 우리의 마음을 가득 채우고 있는 '내가 아닌 모든 것'을 걷어 내고, '진정한 나'에 도달하기 위한 자연스러운 행위라 할 수 있을 것 같다. 우리가 덧입고 있는 온갖 사회적 정체성으로 인해 생겨난 일과 사건들, 우리의 오감(五感)으로 인지하는 온갖 감정들… 이 모든 것을 다 걷어 내고 나면 '진정한 나'가 나온다는 것이다. 이 '나'로 이것들을 다시 바라보면 의미가 완전히 달라진다는 것이다.

　불교에서는 더 나아가 '제법무아(諸法無我)'라 하여 그 '나'조차 존재하지 않는다고 한다. 너무 어려운 경지의 개념들이라 함부로 글로 적기는 적절하지 않은 듯하지만, 어쨌든 세상만사 모든 일을 한 발 떨어져 보는 것은 매우 중요하다는 가르침은 분명하다고 말할 수 있겠다.

　성찰을 통한 삶의 평온함과 깨달음을 얻고자 하는 분들은 어렵지만 한번 도전해 볼 만한 책이라 권해 드리고 싶다. 아래는 좋아하는 단락을 인용하여 요약해 보았다.

> 　주먹을 쥐려면 처음에는 애를 써야 하지요. 하지만 주먹을 쥔 상태로 어느 정도 시간이 지나면 그게 자연스럽게 느껴지기 시작합니다.
> 　결국 주먹을 쥔 상태를 계속 유지하기 위해 필요한 노력을 알아차리지 못하게 되지요. 이런 상황에서 손을 펴려고 한다면, 손을 펴기 위해서 또다시 애를 써야만 하는 것처럼 보이겠지요.

주먹을 쥐고 있는 상태가 너무나 자연스럽게 느껴지기 때문에, 손을 펴려면 애를 써야만 하는 것처럼 보일 뿐입니다. 손을 편안하게 이완하여 편 상태가 자연스럽다는 것을 깨닫기만 한다면, 손을 펴기 위해 새롭게 애를 쓸 필요가 전혀 없습니다. 지금까지 주먹을 쥐고 있느라 계속 애를 쓰고 있던 것이지, 손을 펴기 위해서 새롭게 애를 써야 하는 것이 아닙니다.

개별적인 자아는 '에고'란 주먹을 꽉 쥐고 있는 상태와도 같습니다. 무한한 알아차림을 외관상 유한한 마음으로 축소해 버린 상태이지요.

대부분의 사람들은 개별적인 자아에 내재한 긴장 상태에 너무 익숙해진 나머지, 그게 원래의 자연스러운 모습이라고 믿고 있습니다. 이러한 관점에서는 알아차림 안에서, 알아차림으로 쉬기 위해서 오히려 애를 써야만 하는 것처럼 보입니다.

그러나 순수한 알아차림이라는 우리의 본질이 드러난다면, 알아차림으로 돌아가거나 알아차림에 머물기 위해서 어떠한 애를 쓸 필요도 없다는 것을 깨닫게 됩니다. (중략)

– 책 P.125~126

2부

새로운 업(業)에서의 성찰

과거 우리가 사랑하는 마음과 그 사랑을 표현하는 방식으로는 지금의 MZ 세대들을 품어 내는 것은 절대 불가능하다. 사랑하는 마음은 같지만, 사랑을 표현하는 방식은 달라져야 한다. 그들은 다가갈수록 더욱더 멀리 도망가려 할지도 모른다….

성찰 열다섯,
'요즘 애들(?)' 다루기 1

┃ 츤데레*: 무심한 듯 세심하게

"왜 행사를 주말에 하나요?"
"시간 없는데 그냥 문자로 알려 주시면 안 돼요?"
"저한테 창의적인 거 요구하지 마세요. 전 창의적이지 않거든요."

일명 '요즘 것들'이 하는 말이다. 젊은 직원들이 거침없이 내뱉는 말에 리더들은 하나같이 어이없어한다. 아무리 이해하려 애써도 그들의 당돌한 말과 행동은 낯설기만 하다. 리더들은 이렇게 반문한다.

"왜 저럴까?"

---

* 츤데레: 일본에서 건너온 이 말은 '쌀쌀하고 퉁명스러운 모습'을 나타내는 '츤츤(つん つん)'과 '부끄러움'을 나타내는 '데레데레(でれでれ)'를 조합한 것이다. 다시 말해서 겉으로는 무뚝뚝하고 냉정해 보이지만 속마음은 진실하고 따뜻한 성향을 지닌 캐릭터를 가리킨다.

> "쟤들은 어떤 마음으로 회사를 다니는 거지?"
>
> "도대체 어디까지 맞춰 줘야 하는 거야?"
>
> — 정지현, 『요즘 애들은 츤데레를 원한다』 中

이제 우리에게 'MZ 세대'라는 용어는 익숙하다. 이를 나누어 보면, 1980년대생이 대부분인 'M: 밀레니얼 세대'와 1990년대 후반부터 2000년 이후 출생한 세대를 일컫는 'Z 세대'로 구분할 수 있다. 이미 기업을 포함한 사회 전반에서 M 세대는 주류(主流)가 되어 가고 있다. 연령적으로도 30대 후반부터 40대 중반까지 해당이 되기 때문에 더 이상 어리다고만 볼 수는 없는 것이 사실이다. 그런 이유에서 Z 세대들은 MZ 세대라는 통칭(統稱)을 썩 달가워하지 않는 눈치이다. 이미 M 세대와도 그들은 엄연한 차이가 있다고 느끼는 것이다.

이러한 맥락에서 요즘 기업 현장에서는 초점이 Z 세대로 옮겨 가고 있다. 정말 통통 튀는 이들을 X 세대와 M 세대 리더들이 다루기에 벅차하는 일들이 일상에서 비일비재하게 일어나고 있는 것이다.

사랑하기에 내려놓는다: 츤데레가 됩시다

최근 코칭을 하고 있는 A 팀장님의 사례이다.

A 팀장님은 50대 후반으로서 정년퇴직이 가까운 분으로, 건설 현장에서 오랜 기간 근무하신 현장통이다. 첫 시간에 합의한 코칭 주제 중 하나가 중간 관리자인 B가 팀원들을 잘 학습시켜 주었으면 하는 것이었다. 이야기를

듣다 보니, 처음에는 B가 자신이 가지고 있는 경험 대비 팀원들에게 전수해 주고자 하는 욕구나, 기술이 없는 것으로 이해를 하여 B의 변화에 초점을 맞추는 것으로 이야기가 흘러갔다.

1~2회 코칭이 진전되면서도 B의 변화를 이끌기 위한 우리의 논의가 실행으로 옮겨지지는 않으면서 어려움에 봉착하였는데, 마침내 문제의 원인이 A 팀장님 본인에 있다는 깨달음에 이르게 되었다. A 팀장님은 평생 본인이 항상 학습하는 자세를 견지해 왔으며, 같이 일하는 동료나 구성원들에게 직접 자세하게 가르치거나, 공부하도록 독려하고, 이를 확인하는 습관이 몸에 배어 있었던 것이다. 이유는 동료나 팀원들이 늘 부족해 보였기 때문이었다. A 팀장님의 성품으로 판단해 볼 때, 이들에 대한 애정 어린 채찍질이었던 것이다.

이전의 현장에서도 많은 팀원을 이런 방식으로 관리하시다가 다른 곳으로 대부분 이동시켰는데, 보낼 때는 늘 부족해 보이는 팀원들이 다른 곳에 가서 잘할 수 있을지 걱정이 가득했다고 한다. 그러나, 많은 팀원이 다른 곳에 가서 일 잘하는 사람으로 인정받고 있다면서 뿌듯해하시는 것이었다.

내가 물어보았다. "팀장님, 그때 팀원들을 보내실 때도 걱정이 가득하셨죠?", "그런데 그들이 다른 곳에 가서 다들 잘하고 있다고 인정받고, 팀장님 밑에서 일을 배운 사람들은 다르다고 팀장님 또한 인정을 받고 계시죠?", "그런데, 왜 팀장님께서는 아직도 팀원들을 하나하나 직접 다 챙겨서 눈으로 확인하려 하시나요?"
팀장님은 그제야 "네, 코치님 말씀이 다 맞는 것 같네요. 왜 저는 이렇게 늘 병적으로 걱정하고, 챙기는지 모르겠습니다."라고 탄식을 하셨다.

과거 우리가 사랑하는 마음과 그 사랑을 표현하는 방식으로는 지금의 MZ 세대들을 품어 내는 것은 절대 불가능하다. 사랑하는 마음은 같지만, 사랑을 표현하는 방식은 달라져야 한다. 그들은 다가갈수록 더욱더 멀리 도망가려 할지도 모른다….

"팀장님, 사랑하기에 이제는 좀 내려놓으시죠…."

성찰 열여섯,
'요즘 애들(?)' 다루기 2

▎더 무서운 '요즘 애들(?)': 2000년생이 온다

> 이사님의 긴급 지시로 주간 리서치 상황을 보고해야 했어요. 다음 날까지 PPT 4페이지를 작성해야 했죠. 그래서 주간 리서치를 담당하는 신입 사원에게 다음 날 오전까지 추가 업무를 지시했습니다. 정기적인 업무는 아니었습니다만, 그 친구 일이라고 생각했죠. 그러자 이렇게 대답하더군요.
>
> "팀장님, 4페이지니까 2페이지는 팀장님이 하시고, 1페이지씩을 저랑 제 옆 동기가 진행을 하면 좋겠습니다. 긴급 업무인 만큼 월급에 비례해서 일을 나눠 진행하면 빨리 처리가 가능할 것 같아요."
>
> — 임홍택*, 『2000년생이 온다』 中

---

* 임홍택: 「9급 공무원 세대」를 연재해 제5회 브런치북 프로젝트에서 은상을 받았으며, 이 내용이 담긴 『90년생이 온다』로 유명해진 작가이다.

작년 말, 코칭을 마무리한 C 팀장님의 이야기다.

우선, C 팀장님은 첫 만남에서 인물이 훤칠하다는 느낌을 받았다. 깨끗한 피부며, 큰 눈, 오똑한 콧대 등 남자가 봐도 '아, 잘생겼다….' 하는 느낌이 바로 들 정도였다. 첫 시간에 이런저런 이야기를 많이 듣게 되었다. 팀장 1년 차이지만, 팀원 때 주변으로부터 인정받는 소위 '스타플레이어'였고, 그 덕에 팀장 승진도 1~2년 빠른 편이라고 했다. 대부분의 팀원에 대해서는 본인이 소상하게 파악을 하고 있고, 정기적으로 1:1 미팅을 통해 면담도 꾸준히 한다고 했다. 팀원 대부분이 맡은 바 역할을 나름대로 잘 소화해 주고 있다고 했다.

코칭을 통해 무슨 이야기를 나누어 볼지 좁혀 가다 보니, "팀으로 일하게 하는 조직을 만들고 싶다."라는 것이 팀장님의 원하는 코칭 주제였다. 그러나, 이후 들려준 그의 이야기는 나를 조금씩 놀라게 했다. C 팀장님은 자신이 과거에 그렇게 생각하고 살아왔기 때문에, 모든 팀원이 회사에 나오는 것부터, 또 나와서도 늘 행복해야 한다는 것이었다. 그러기 위해 자신이 팀원들 한 명 한 명에 대해 세밀한 관심을 가지고 실천도 하고 있다고 했다. 업무적으로도 일을 시킬 때, 방향성에서부터 접근해야 하는 방법까지 소상하게 알려 주고 있다고도 했다. 그리고는 정기적으로 1:1 면담을 통해 팀원별로 어떤 상황인지를 확인하는데, 대부분 큰 문제 없이 만족하면서 지내는 것 같다고 했다.

문제는 연말이다 보니 얼마 전, 평가가 시작되고 다양한 평가 면담을 하게 된 것이다. 그리고, 요즘 많은 회사가 리더에 대한 다면 평가를 실시하기에 C 팀장님 또한 그 평가 결과를 받아 본 것이다. 결과를 받아 본 C 팀장님은 충격을 받았다고 한다. 팀원들의 자신에 대한 평가가 생각했던 것과 달리 훨씬 박한 평가였다. 주관식 응답에서는 업무 지시가 보다 명확했으면 좋겠다는 내용도 있어 평소 과하다 싶을 만큼 친절히 설명했던 C 팀장님은 더욱 충격을 받았다고 한다.

▌다가갈수록 멀어지는 '요즘 애들(?)'

우리가 흔히 '의사소통을 한다', '소통이 원활하다'는 표현을 할 때, 잘못 알고 있는 점이 있다. 그것은 '말을 평소에 많이 하는 것이 좋은 것'으로 착각하고 있다는 점이다. "좋은 의사소통은 말하는 사람의 의도(Intention)와 듣는 사람의 인지(Perception)가 합의점을 찾는 것이다."라는 점을 놓치고 있는 것이다. 말하는 사람은 늘 어떤 의도를 가지고 말을 한다. 그리고는 자신이 하고 있는 말을 통해 상대방은 정확히 이해할 것이라 가정을 하는 것이다. 매우 잘못 생각하고 있는 부분이다.

우리가 일상에서 부부간에, 지인들 간에 말다툼을 한 경우를 생각해 보자. 한참 언쟁을 벌인 후 화해의 무드에서 항상 등장하는 말이 있다. "내 의도는 그런 게 아니라, 이런 거였어…."

C 팀장님은 평소 본인의 의도를 전달하기 위해, 불필요하게 많은 말을 했고, 전혀 상대의 인지(Perception)를 고려하지 않은 '본인의 말'을 해 온 것이다. 그리고, 회사에서 만난 관계에서 다른 사람의 행복을 책임지겠다는 접근 또한 요즘 젊은 사람들의 생각을 고려한다면, 과하게 선을 넘은 행위였던 것

이다.

이번 일을 겪으며, C 팀장님은 새로운 것을 깨닫게 되었다고 했다. 리더로서 해야 할 일은 '나의 기대치를 전달하고, 실행하려 하는 것이 아니라, 구성원들의 기대치를 확인하고 이를 지원해 주는 것'이라고. 그리고, 앞으로의 소통도 '내가 하고 싶은 말을 하는 것이 아니라, 상대방이 어떤 이야기를 듣고 싶어 하는지를 알려고 노력하고, 또한 내가 하고 싶은 이야기를 상대방이 이해할 수 있도록 말할 수 있는 방법을 찾기 위해 노력하겠다'고.

요즘 어른들은 '츤데레', '밀당의 천재'가 되어야 하는 새로운 숙제가 발등에 떨어졌다.

성찰 열일곱,
'요즘 애들(?)' 다루기 3

○ ● ○

▌ 알파 세대, 너희는 또 누구냐?

'MZ 세대'라는 단어는 우리에게 이미 익숙하다. 조금 더 관심이 있는 분들은 그 범위가 너무 넓다는 사실에 공감하면서, 'M'과 'Z'를 분리하여 구분하는 것에도 익숙하다.

그런데, 또 최근에 '알파 세대'라는 단어가 등장하여 심심치 않게 들리고 있다. 대략 '2010년 이후 현재까지 출생한 세대'를 일컫는 용어로, 처음으로 완전한 '21세기 출생자'들을 지칭하는 용어라고 한다. 이들은 태어나자마자 '디지털 환경'에서 성장하였고, 특히 우리나라의 경우는 '인구 절벽'이 가속화되고 있는 시점에 출생한 세대라 앞선 MZ 세대와 또 다른 특성을 가지고 있다고 볼 수 있겠다. 아마도 시간이 조금 더 지나면 이런저런 연구 결과나 리포트, 보고서들이 쏟아져 나오며, 이들을 설명하고 규정하는 내용들이 정리될 것으로 예상된다.

▍ 'X 세대' 부모

나는 1970년생, 소위 'X 세대'의 원조 격에 속하는 세대이다.

나의 앞선 세대, 내가 회사에 다니며 가깝게 상사로 모셨던 거의 모든 분은 '베이비부머 세대'에 속한다. 베이비부머라는 용어는 세계사에서도, 우리나라 근대사에서도 전후(戰後) 인구가 팽창하던 시기에 태어난 사람들을 일컫는 것으로, 인구학(Demography)적 관점에서 의미를 가지는 용어이지, 이들이 특별한 세대적 특징을 보이는 것에 대해 관심을 둔 용어는 아니라고 볼 수 있겠다.

하지만, 내가 속한 X 세대는 아마도 처음으로 문화인류학적 관점에서 동질(同質)의 특징을 가진 세대를 일컫는 용어로 활용된 것이 아닌가 생각된다.

대학 1년을 마치고 군에 입대한 시기에, 강남을 중심으로 '오렌지족'이 등장했고, 제대할 무렵에는 드디어 '서태지와 아이들'이 등장하기도 했다. 신촌의 '록카페(Rock Café)'를 중심으로 힙합(Hip Hop) 음악과 이들이 즐겨 입는 힙합 패션은 젊음의 상징물이기도 했다. 허리 아래 한참을 내려가 겨우 걸려 있는 길고 통 넓은 청바지와 마치 뒤집어쓴(?) 듯한 느낌의 박시(Boxy)한 상의, 치렁치렁한 액세서리가 아직도 기억에 선하다.

이후, 내가 회사에 입사했던 1990년대 중반, 내로라하는 기업 연구소들은 본격적으로 'X 세대의 특징'에 대한 리포트를 쏟아 내고 있었다. 소위 '다른 인간들'이라는 평가도 있었던 것 같다. 회사에 들어와서도 '요즘 애들(?)'로 한때 취급받았던 기억도 난다.

하지만, 최근의 MZ 세대와는 많이 달랐다. 처음으로 '개성(個性)'을 표현하기 시작한 것 外, 집단적 특징이라 일컬을 만한 공통의 특질을 드러낸 것은 마땅하게 없었던 것 같다. 정확하게 표현해 보자면, 앞선 세대와는 조금 다르게 약간의 '나만의 공간'을 만들기 시작한 정도라고 할까? 그것을 개성이라는 이름으로 표출하였을 뿐, 가정에서도, 사회에서도 자신을 앞세우기보다 집단에 조화되고 순응하는 것을 자연스러운 미덕으로 받아들이고 실천하며 살았다.

▍요즘 애들(?): "가까이 오지 마세요~!"

이에 반해, 소위 요즘 애들(?)은 확연히 다르다. 자신들이 발 디디고 서 있는 공간이 명확하고 뚜렷하다. 그래서 이 공간을 침입하는 것에 매우 민감하게 반응한다.

많은 연구 결과가 존재하는데, 대략 두 가지의 중요한 원인을 지적해 볼 수 있겠다. 첫째, 이들은 비교적 경제적으로 풍요로운 환경 속에서 부족한 것이 없이, 많지 않은 형제자매의 환경하에서 사랑을 듬뿍 받고 자란 세대이다. 이로 인해 어려서부터 자존감이 높고, 자기 자아에 대한 의식이 강하기 때문이다. 둘째, '3포 세대', 'N포 세대'라 불리는 것처럼, 저성장의 경제, 높은 집값과 물가 등으로 자신만의 노력으로는 자신들의 미래를 만들어 갈 수 없는 환경에 놓여 있기 때문에 자기 것에 대한 보호 본능과 집착이 강하기 때문이기도 하다. 자신의 성장, 자신의 발전 등의 화두에 집착하는 경향이 강하다.

나에게는 두 명의 딸이 있다. 대학생과 고등학생. Z세대 후반부에 속하며 어쩌면 알파 세대의 특징을 일부 가지고 있는 세대라 볼 수 있겠다. 초등학교 때까지는 나의 사랑 방식에 아무런 문제를 느끼지 못했었다. 언제나 자유로운 스킨십이 가능했고, 아이들의 모든 문제에 '전지적(全知的) 존재'로서의 아빠의 능력이 빛을 발할 수 있었다.

하지만, 사춘기를 지나가며 모든 상황이 달라지기 시작했고, 미처 준비를 하지 못한 나는 당황스러운 시간의 연속이다. 어디까지를 믿고 맡길 것이며, 어디까지 관여할 것인지에 대한 기본적인 생각의 정리도 되어 있지 못하고, 아직도 딸들과 내가 원하면 언제든지 가벼운 스킨십이라도 하고 싶은 마음이 굴뚝같은데, 제일 자주 듣는 말이 "Stop~!", "Too Much!"이다 보니, 아무도 공감해 주지 않는, 혼자만의 소외됨의 터널에 갇혀 있는 날이 많아지고 있다.

코칭을 공부하고 있고, 자녀 교육에도 관심이 많아 이런저런 책도 많이 보기 때문에, 머리로는 전문가가 된 지 오래되었다. 하지만, 마음과 행동은 여전히 갈등의 터널에 갇혀 있으니 '내가 부족한 사람인가?' 아니면 '많은 분이 비슷한가?'라는 질문이 늘 머릿속을 떠나지 않고 있다.

최근 나에게 멘토 코칭을 해 주고 계신 S 코치님의 이야기를 들었다. 따님을 키우는 과정에 늘 엄마로서, 선배로서 많은 대안과 옵션을 제공하였지만, 마지막 결정은 따님이 직접 하도록 했고, 늘 '나의 걸작품(Masterpiece)'이라는 칭찬을 달고 사셨다고 한다. 그 따님은 지금 미국에서 변호사로 일하고 있다.

"나의 딸들아~ 아니 나의 걸작품들아~ 아빠가 이제는 너희를 놓아주려 한다~!"

성찰 열여덟,
코칭이 가져다주는 작은 기쁨

| "코치님 A입니다."

> "코치님, A입니다. 저 기억하시겠어요? 지난번에 현실 감각 없는 이야기만 계속 늘어놓았던…. 코치님의 코칭 덕분에 정신 차리고 열심히 취업의 문을 두드려 드디어 ○○대기업 총무 팀에 합격을 했습니다. 그래서 다음 주부터 서울에서 출근 예정입니다. 지난 코칭 시간은 작년 한 해 저에게 있었던 일들 중 가장 잊히지 않는 일 중 하나이고요, 오래 마음에 간직하고 싶은 일입니다. 코치님, 다시 한번 감사드립니다."

어느 추운 겨울밤, 지하철에서 내려 집으로 종종걸음을 하던 중 핸드폰에 날아든 문자 한 통이다.

전화번호가 아직 저장이 되어 있고, 5회의 코칭을 했던 대학생이라 금방 누군지 알아차릴 수 있었고, 추위에 오그라든 몸이 순간 따뜻한 온기에 녹아내리는 느낌이었다.

기억을 더듬어 보니, '참 힘들었던 코칭이었다.'라는 생각이 먼저 떠올랐다. 나는 HR 임원으로 취업 현장에서 오랜 시간을 보냈기 때문에, 그런 경험에 기반하여 이 대학생의 취업에 대한 코칭을 하는 과정이 너무 힘들었다. 왜냐하면, 우선 지방대의 행정학과, 낮은 학점, 경영학 근처에는 얼씬거리지도 않은 과거 행적들, 입만 열면 이상(理想)적인 이야기로 일관하는 부족한 현실 감각 등…. 취업을 도와줘야 하는 사람 입장에서는 풀기 어려운 수학 문제 같은 친구였기 때문이다. 물론, '정의(正義)'라는 명제를 논하기 전에, 눈앞에 펼쳐져 있는 우리의 '취업 현실'을 기준으로 할 때의 이야기이다.

하지만 5회의 코칭을 무사히 끝낼 수 있었던 힘은 바로 이 친구의 똘망한 눈빛이었다. 이 눈빛은 나를 외면하지 못하게 붙잡았고, 상처가 될 수 있었던 지적들이 다소 있었지만 굴하지 않고 오뚝이처럼 또 무엇인가를 배우겠다고 나서는 열정과 진실함을 대변해 주는 눈빛이었다.

그래서 그런지, 나 또한 처음 만난 타지(他地)의 학생이었지만, 진심으로 도와줘야겠다는 생각이 앞섰고, 이로 인해 코칭 반, 멘토링 반을 섞어 그 친구의 변화를 위해 진심으로 알려 주고, 조언해 주고, 스스로 깨닫게 해 주려 노력했었다.

정말 미안한 마음이지만… 5회의 코칭이 끝나고도 나는 이 친구의 취업에 자신감을 가질 수가 없었던 것이 사실이다. 그런데… 얼마나 노력을 했을까? 몇 달 지나지 않아 이렇게 좋은 회사에 취업을 했다고 알려 온 것이다. '진실한 열정' 앞에 무릎 꿇지 않을 세상의 어려움은 없는가 보다. 진심으로 뜨거운 박수를 그 학생에게 보내고 싶다. 그리고, 잊지 않고 이렇게 고마움을 전해 온 것은 나를 조금 더 겸손하게 만들어 줄 귀중한 선물이라 생각한다.

'앞으로 어떤 힘든 코칭의 순간에도 진심으로 최선을 다하리라….'

"코치님 저 기억하세요?"

> "코치님~ 저 기억하세요? B예요. 지난여름 코치님께 코칭받았던…. 저 이번에 ○○컨설팅펌에 ESG 컨설턴트로 합격해서 출근하게 되었어요. 코치님께서 잘 코칭해 주신 덕분인 것 같아요.ㅎㅎ"

코칭 일정이 있어 삼성동 퇴임 임원 사무실로 출근하던 도중 받은 문자 한 통이다.

지난여름 이 학생과의 5회에 걸친 코칭이 머릿속을 스쳐 지나갔다. 누구보다도 기억이 선명한 친구이다. 왜냐하면, ESG(Environmental, Social, Governance), 특히 환경 문제에 관심이 많았었고, 그 배경이 아버지의 영향이 컸던 친구인데, 처음에 내가 알지 못하고 아버지의 영향을 질문하는 과정에서 울음을 터뜨렸던 일이 있었다. 아버지가 돌아가신 지 오래되지 않은 상황이었기 때문에 아버지란 단어를 듣자 여리고 착한 이 학생은 눈물을 참을 수 없었던 것이다.

코칭에서 배운 바로는 지나치게 감정 이입이 되면 올바른 코칭이 되지 않기 때문에 마치 나의 딸아이처럼 '측은지심'을 이입하여 코칭하려는 생각은 최대한 배제하려고 노력하였다. 그럼에도, 워낙 영민하고 성실함이 몸에 밴 친구라 스스로 어떻게 해야 할지, 무엇을 해야 할지를 차곡차곡 잘 깨달아가는 모습에 나도 열정을 다해 시간을 함께했었다.

그런 나의 진심이 전달되었던 것인가…? 제법 짧지 않은 시간이 흘렀는데, 나를 기억하고 이렇게 고맙다는 인사를 보내온 것이다.

MZ 세대니 뭐니 하며, 소위 '요즘 애들(?)'에 대해 투덜투덜하기 일쑤였던 나의 태도에 깊은 반성을 불러오는 기회가 된 것 같다. 세대를 떠나, 서로를 향한 진심은 진심의 모습 그대로 잘 전달될 수 있고, 서로 이 마음을 고마워한다는 평범한 진리를 한 여대생으로부터 깨닫게 된 것 같다.

"어른이라고 해서 다 어른이 아니다. 어른다워야 어른이지…." 앞으로 맘 속 깊이 새기고, 늘 잊지 않아야 할 경구(警句)가 될 것 같다.

성찰 열아홉,
칭찬은 고래도 춤추게 한다

| "나는 한 번의 칭찬으로 두 달을 살 수 있다."

『톰 소여의 모험』으로 우리에게 잘 알려진 미국의 대문호 마크 트웨인(Mark Twain)이 한 말이다. 한 번의 칭찬으로 두 달을 살 수 있는 힘과 에너지를 받을 수 있다니, 실로 칭찬의 힘은 놀랍지 않은가?

20세기 최고의 경영자로 일컬어지는 잭 웰치(Jack Welch) 前 GE 회장은 어릴 때 말을 더듬었다고 한다. 그는 친구들이 '말더듬이, 병신'이라고 놀리면, 울면서 엄마에게 달려가 하소연하곤 했다. 그때 그의 어머니는 "애야, 너는 다른 애들보다 생각하는 속도가 훨씬 빨라 미처 네 입이 따라가지 못할 뿐이란다. 너는 앞으로 큰 인물이 될 거다."라고 대답해 주었다고 한다.

하지만, 우리의 현실과 일상은 사뭇 다른 것이 사실이다. 누구나 칭찬의 중요성을 귀 따갑게 듣고, 배운 탓에 잘 알고 있으면서도, 칭찬을 실천하는 데는 참으로 인색하다.

조선의 명필(名筆) 한석봉의 어머니도, 대학자 이율곡 선생의 어머니 신사임당도 모두 훌륭한 자녀를 키워 냈지만, 교육법에 있어 칭찬은 찾아보기가 힘든 것이 알려진 사실이다. 유교 문화의 영향일까? 과거 못사는 나라의 국민으로서 가난을 탈피하고 보다 나은 삶을 살게 하려는 부모님들의 간절한 열망 때문이었을까? 늘 칭찬보다는 독려가 앞서는 것이 우리에게 익숙한 교육법이었다.

직장에서도, 사회에서도 별반 다르지 않다. 예를 들어, 누군가가 90점의 결과를 가져왔다고 할 때, 그 90점을 얻기까지의 과정과 90점이라는 그 결과 자체에 대해 칭찬을 받기보다, 100점이 되지 못하는 원인과 과정이 항상 먼저 지적되고, 향후 보완해야 할 점 위주로 비난을 받거나, 피드백을 받는 모습…. 그리 낯설지는 않은 광경인 것 같다.

▍L 코치, 나의 코칭에 생기를 불어넣다

지난 1월 무렵, 나는 코치로서의 두 번째 관문인 KPC(Korea Professional Coach) 자격 취득 시험을 본격적으로 준비하기 시작했다. 지난 첫 단계인 KAC(Korea Associate Coach) 시험과 비교하여 서류 접수나 필기시험은 큰 차이가 없어 부담이 없었으나, 실기시험이 질적(質的)으로 많이 다르기 때문에 이를 집중적으로 연습을 해야 했다. 다양한 분들과의 실습 과정, 때로는 상위 코치의 입회하에 실습 후 피드백을 받는 '코치 더 코치'를 병행하였지만, 달라진 시험 시간과 질적인 측면 때문에 계속 부담감은 커져 갔고, 실습 결과도 형편없는 수준으로 반복되고 있었다. 상위 코치에 따라서는 소위 '매운 맛'으로 피드백을 받을 때도 있었는데, 그때마다 그동안 쌓아 온 시간이 다 부질없는 모래성같이 느껴졌고, '내가 코칭이랑 안 맞는 거 아닌가?'라는 자조의 한숨만이 커져 갔다. 심지어는 코칭도 더 이상 즐겁지가 않고, 코치로서의 준비 과정도 그만두고 싶은 생각이 하루에도 몇 번씩 올라오던 참이었다.

하지만, 대학원을 통해 기회를 갖게 된 L 코치와의 '코치 더 코치'에서, 운명이랄까? 비교적 수월하게 실습을 마무리할 수 있었고, 이후 L 코치로부터 생각하지 않았던 칭찬 세례를 듣게 되었다. 가만히 따져 보면, 그냥 두리뭉실한 칭찬이 아니었다. 우선 나에게 코치로서의 존재감에 대한 칭찬이 많았고, 실제 코칭했던 조목조목에 대해 이론적 근거를 가지고 칭찬을 해 준 것이다. 이 시간이 끝나고 뭐랄까? 잃어버린 자신감, 자존감을 한 방에 다시 찾은 행복을 느꼈다고 할까? 이후 다시 마음을 잡고, 힘을 내어 반복하는 실습 과정은 예전과는 사뭇 달라졌음을 나 스스로가 느낄 수 있었다. 이후에도 여러 차례 L 코치의 '코치 더 코치'를 받으면서 이런 자신감과 자존감을 유지해 나가려 했고, 금방이라도 시험을 보면 합격할 것 같은 평온한 마음을 유지할 수 있었다. 별일 아닌 것으로 치부할 수도 있겠지만, 지난 세월을 되짚어 보아도, 진정으로 기억에 남을, 영향력 있는 칭찬을 지긋한 중년의 나이에 나이 어린 사람으로부터 듣는 기회를 가졌고, 그 칭찬이 이렇게 나를 바뀌게 할 줄은 꿈이나 꾸었을까?

칭찬은 고래도 춤추게 한다

이처럼 칭찬은 사소해 보이지만, 그 칭찬 한 마디가 갖는 힘은 상상을 초월할 정도로 강력하다. 칭찬의 효과를 제대로 만들어 내기 위해서는 올바른 칭찬의 요령이 중요한데, 켄 블랜차드(Ken Blanchard)가 그의 저서 『칭찬은 고래도 춤추게 한다』에서 말하고 있는 올바른 칭찬의 요령을 소개한다.

1. 소유가 아닌 재능을 칭찬한다

"넥타이가 잘 어울립니다."보다는 "역시 패션 감각이 뛰어나십니다."가 좋다.

2. 결과보다는 과정을 칭찬한다

"우승했다면서요?"보다 "그동안 얼마나 피눈물 나는 노력을 했겠어요?"가 좋다.

3. 타고난 재능보다는 의지를 칭찬한다

"머리가 명석하시군요?"보다는 "그 성실함을 누가 따라가겠어요?"가 좋다.

4. 미루지 않고 지금 즉시 칭찬한다

"지난번에~"식의 백 번보다는 "오늘~"의 한 번이 낫다.

5. 큰 것보다는 작은 것을 칭찬한다

별것 아니라고 생각하지 말고, "와!", "우와!" 하고 크게 반응하는 게 좋다.

6. 애매모호한 것보다는 구체적으로 칭찬한다

"참 좋은데요."보다는 "~한 것이 분위기에 참 잘 어울립니다."가 낫다.

7. 사적으로보다 공개적으로 칭찬하는 게 훨씬 효과가 크다

혼자보다는 적어도 3명 이상의 자리가 낫다. 특히 본인이 없을 때 남긴 칭찬은 그 효용 가치가 배가 된다.

8. 말로만 그치지 말고 보상으로 칭찬한다

"한턱 내세요."보다는 "제가 한턱 쏠게요."가 낫다.

9. 객관적이기보다는 주관적으로 칭찬한다

"참 좋으시겠어요."보다는 "제가 신바람이 나는군요."가 좋다.

10. 남을 칭찬하면서도 가끔은 자기 자신도 칭찬한다

"훌륭해!", "그래, 너 아니고 그 일을 누가 해내나!", "난 내가 자랑스럽다."라는 말을 스스로에게 던져라.

요즘 젊은 사람들은 흔히 외동으로 자라거나, 물질적으로 부족함 없이 성장한 경우가 많기 때문에 우리 세대와는 '자존감'이라는 측면에서는 비교가 되지 않을 정도로 크고 뚜렷한 자아의식을 가지고 있다고 한다. 이들을 움직이게 하는 것은 바로 '칭찬'이다. 우리는 지금 그 어느 때보다도 '칭찬'이 필요한 시대를 살고 있다.

성찰 스물,
코칭의 힘

▎코칭의 힘: 공감(共感)

코칭(Coaching)은 사람에 대해 '창의적(Creative)이며, 온전함을 추구(Holistic)하는 존재로서, 문제 해결의 자원이 풍부한(Resourceful) 존재'로 인정한다. 그렇기 때문에 코치(Coach)는 코칭 현장에서 고객에 대해 고객의 존재와 그가 가지고 있는 문제에 공감하는 것으로부터 출발한다. 공감은 고객이 이야기하는 문제를 고객의 시각, 관점, 입장 및 상황에서 이해를 하고, 이에 대해 표현해 주는 것을 말한다. 그렇다고 하더라도 코치가 고객의 문제에 대해 코치 입장에서 전적으로 동의를 한다는 것은 아니다. 말 그대로 고객이 세상을 바라보는 창으로 고객과 함께 그 문제를 바라보고 이해해 준다는 것이다. 의견을 같이하는 동감(同感)이나, 감정 이입까지 일어나 한 몸으로 그 문제를 동일하게 바라보는 동일시(同一視)와는 다른 개념이다.

최근 우리 사회를 들여다보면, 지나치게 과할 정도의 동감이나 동일시가 넘쳐 나고 있다. 소위 '좌우'로 표현되는 진영이라는 구분값으로 살펴보면, 동일 진영 내에서는 과할 정도의 동감과 동일시가 존재하고 있다. 하지만, 나와는 생각이 다른 상대방의 의견에 대해 상대의 입장에서 이해하려고 하는 공감은 찾아보기가 어렵다. 오히려 반감과 적대감으로 표출이 되면서 극단적으로는 집단적 분노와 광기까지도 어렵지 않게 목격할 수 있는 지경에 이르고 있다.

코칭에서 이야기하고 있는 공감은 우선, 고객이 심리적 안정감을 느끼게 해 주고, 신뢰와 유대감을 갖게 해 주는 효과를 가지고 있다. 코치를 믿고 자신의 내면을 솔직하게 드러내는 데 자신감을 갖게 되는 것이다. 그 결과, 자신이 가진 잠재된 능력을 발휘하여 이성적이고, 합리적으로 자신의 문제를 해결할 수 있는 힘을 발휘하게 해 준다.

최근 우리 사회 전반에 코칭의 힘, 공감이 필요한 이유이다.

코칭의 힘: 정서적 유대감

코칭이 가진 매력이라고 할까? 코칭의 힘이라고 할까? 바로 '정서적 유대감(Emotional Connectedness)'이다. 정서적 유대감은 사람들이 정서적으로 친밀감을 가지게 되면서 유대감으로 연결이 되는 것을 말한다. 이러한 정서적 유대감이 사람들의 행복에 밀접하게 연결된다는 것은 많은 연구 결과가 입증하고 있는 주지(周知)의 사실이다.

긍정심리학에서는 "나이 든 사람들이 젊은 사람에 비해 더 행복을 느낀

다. 나이가 들수록 사람들은 정서적 유대를 선택하기 때문이다(Carstensen, 2011).", "인간의 기본적인 심리적 욕구(자율성, 유능감, 관계성) 중 관계성이 충족될 때 더 높은 수준의 행복을 경험한다(자기 결정성 이론, Self-Determination Theory, SDT, Deci&Ryan, 1975).", "안정적으로 정서적 유대가 형성될수록 심리적 안정과 긍정적 정서를 경험할 가능성이 높아진다(애착이론, Attachment Theory, John Bowlby, 1950's)." 등 많은 연구 결과를 쉽게 찾아볼 수 있다.

신경과학의 관점에서도, 정서적 유대 강화는 옥시토신(Oxytocin) 호르몬의 분비를 활성화하고, 도파민 분비를 촉진하여 스트레스를 줄이고, 행복감을 증진한다고 알려져 있기도 하다.

코칭에서 고객들이 가져오는 주제는 때로는 표면적으로, 아니면 한 꺼풀 벗겨 보면 본질적으로 모두 고객 내면과 깊이 연결된 것이 대부분이다. 하지만, 대부분 처음 만나는 사람인 코치에게 자신의 이러한 내면을 이야기한다는 것은 사실 쉬운 문제가 아니다. 우리는 살면서 많은 유형의 친구들이 존재하지만, 실제 속마음을 털어놓고 지내는 관계는 그 비중이 크지 않다. 서로 부담을 주지 않으려는 선한 배려에서도 그럴 수 있고, 굳이 속마음까지 교환하고 싶지 않은 마음이 크기 때문이기도 하다.

하지만, 코칭에서는 코치가 가장 먼저 하는 일이 코칭 대화의 비밀 유지에 대해 명확하게 고지하고, 내면의 주제를 이야기하기 전까지 고객과의 라포(Rapport) 형성에 주력하면서, 고객으로 하여금 심리적 안전지대에 놓일 수 있도록 최선을 다하기 때문에 그것이 가능해진다.

그리고, 코칭을 공부하는 사람들은 많은 실습이 필요하기 때문에 상호 간에 고객 역할을 많이 해 주기도 하는데, 이 과정을 통해 자연스럽게 자신의 내면을 동료들과 교환하는 것이 일상화되어 있다. 처음 보는 코치들 간에도 스스럼없이 내면의 이야기로 실습을 하는 일도 허다하다.

그래서 그런 것일까?

오랜 직장 생활을 통해 함께 부대낀 세월이 길었던 옛 직장 동료들보다도 코칭의 세계에서 만난 코치들이 훨씬 마음 편하고, 심리적으로 가까움을 느끼는 것이 사실이다. 기본적으로 공감의 달인(達人)들이기도 한 이유도 한몫을 하는 것이 분명하다.

이 또한 최근 우리 사회에 코칭의 또 다른 힘, 정서적 유대감이 필요한 이유이기도 하다.

▍소소한 행복의 확대를 바라는 작은 희망

코칭을 통해 알게 되고, 실생활에서 느끼며 실천하고 있는 공감과 정서적 유대감의 참의미를 어떻게 하면 나의 주변에, 그리고 그것이 투명한 종이에 색깔 물감이 번져 나가듯 우리 사회에 확산됨으로써 신문을 보고, 뉴스를 볼 때 애틋한 희망과 아름다움을 느낄 수 있는 일들이 많아질 수 있을까?

최근 나의 소박한 기대이자 바람이다.

성찰 스물하나,
경청(傾聽)의 힘

○ ● ○

▎들어 주는 게 그리 힘든 일인가?

각자 바쁜 일상을 보내고 식탁이나 소파에서 마주 앉은 부부간의 대화는 서로 부부이자 가족임을 확인할 수 있는 소중한 시간이다. 그러나, 대부분 몸과 마음이 피곤한 상태가 채 가시지 않았기 때문에, 어느 한쪽이 던지는 화두에 상대방은 이내 신경을 곤두세우곤 한다.

"우리 철수 말이야. 요즘 학교 공부에 통 관심이 없는 것 같아. 짜증 나 죽겠어."

"내 친구 영희네 말이야. 이번에 강남으로 분양받아 이사 간다고 하네…. 부러워 죽겠어."

"내 친구 와이프는 애들 삼시 세끼를 직접 해서 먹인대, 대단하지 않아?"

우리가 일상에서 흔히 경험하는 대화의 시작이다. 하지만, 이 시작이 진지한 대화로 이어질지, 아니면 말다툼으로 변질되어 갈지, 사람마다 차이가 매우 크다는 것을 우리는 잘 알고 있다.

외부 업체에 발주를 준 물품이 예상보다 늦어지고 있어 행사 일정에 차질이 생긴 김 대리는 팀장에게 이 문제를 의논하기 위해 어렵게 말을 꺼냈다.

"팀장님, 지난번 A 업체에 발주 준 물건이 그쪽 내부 사정으로 일주일 정도 늦어질 것 같습니다. 우리 행사는 나흘 뒤인데… 어떡하죠?"
팀장은 금세 얼굴빛이 어두워지면서 "이봐, 김 대리. 미리 확인하고 사전에 다른 대안을 준비했어야지. 이렇게 일 벌어지고 난 후 나보고 어떻게 하냐고 하면… 내가 무슨 신이야? 에이…."

김 대리는 머리를 맞대고자 어렵게 이야기를 꺼냈지만, 자신의 무능함으로 이 일이 벌어진 것처럼 상황이 만들어지면서 아무런 소득이 없이 짧은 대화는 끝이 나고 만다.

이청득심(以聽得心)

듣기(Hearing)는 '소리를 귀로 인식하는 행위'로 정의할 수 있다. 말 그대로 소리가 귀에 들리는 상태이며, 별다른 주의를 기울이지 않아도 일어날 수 있는 행위이다. 소위, 듣기의 4단계 중 1단계인 '배우자 경청'과 2단계인 '수동적 경청'에 해당된다.

배우자 경청이란 다른 일을 하면서 건성으로 듣거나, 심지어는 말을 가로막기도 하는 듣기를 말하며, 수동적 경청은 말하는 사람에게 별로 주의를 기울이지 않고, 공감도 없이 그저 상대방이 말하도록 내버려두는 듣기를 말한다.

반면, 경청(Listening)은 '상대방의 말에 집중하고 이해하려고 듣는 것'으로 정의된다. 듣기의 3단계인 '적극적 경청'과 4단계인 '맥락적 경청'이 이에 해당된다.

적극적 경청은 말하는 사람에게 주의를 기울이고, 공감해 주는 경청을 말한다. 듣는 사람은 상대방과 눈을 맞추고 고개를 끄덕이며 "저런, 그래서 어떻게 되었어요?", "더 말씀해 주세요."와 같은 추임새를 넣으면서 듣는다.

맥락적 경청은 말 그 자체가 아니라 그 말이 어떤 맥락에서 나온 것인가, 즉 말하는 사람이 그 말을 하게 된 의도, 감정, 배경까지도 헤아리면서 듣는 것이다.

국제코칭연맹(International Coaching Federation: ICF)에서는 위 두 경청을 묶어 '적극적 경청(Active Listening)'이라 하고, '고객이 말한 것과 말하지 않은 것에까지 집중하여 고객이 처한 맥락에서 드러나는 모든 것을 이해하고, 고객이 스스로 표현하도록 지원하는 것'이라 정의하고 있다.

이에 따라, 코칭을 학습하는 과정에서 가장 먼저, 그리고 끊임없이 배우게 되는 것이 이 '적극적 경청'이다. 정말 열심히 코칭 과정에서 '적극적 경청'을 하고 나면 고객으로부터 자주 듣는 이야기가 있다.

"정말 흔치 않게 오늘 저의 이야기를 이렇게 진지하게, 공감해 주시면서 들어 주셔서 너무 좋은 경험이었고, 감사드립니다…."

"오늘 제 이야기를 이렇게 들어 주신 것만으로도 제 마음이 홀가분해지고, 문제가 절반은 풀린 느낌입니다…."

비록 '적극적 경청'을 위해 상당한 에너지를 소모한 측면도 있지만, 고객이나 상대방으로부터 이런 피드백을 받을 때는 너무나도 보람을 느끼고, 경청이라는 것이 얼마나 중요한지를 새삼 깨닫곤 한다.

▌적극적 경청의 중요성

이처럼 '적극적 경청'이 중요한 근거를 미국 UCLA 심리학과 앨버트 매라비언(Albert Mehrabian) 박사의 연구 결과로부터 찾을 수 있다. 그에 따르면, 사람들이 의사소통을 할 때, 단어를 통해서는 약 7% 정도밖에 뜻이 전달되지 못한다고 한다. 어조, 억양, 음성 등의 '소리적 요소'를 통해 38%가 전달이 되고, 나머지 55%는 제스처, 표정, 몸짓 등의 '동작적 요소'에 의해 전달이 된다고 한다.

이러한 '적극적 경청'은 단순히 상대방의 이야기를 듣고 공감해 주는 것에서 머물지 않고, 그 사람의 이야기 속에서 상황, 불안함, 신념, 가치관, 욕구 등을 헤아려 내는 단계까지 확장될 수 있어야 한다.

이를 통해, 두 사람 간에는 기본적으로 신뢰가 형성되고, 말을 하는 사람이 심리적 안정감을 가지게 되면서 문제를 해결해 나갈 수 있는 용기와 자신감을 갖게 되는 것이다.

이러한 '적극적 경청'을 잘 하려면, 가장 중요한 것은 듣는 사람으로서 자신의 판단을 내려놓는 일이라 할 수 있다. 즉, '에고리스(Egoless)'의 상황에서 상대방의 이야기를 들어 주어야 하는 것이다. 상대방의 입장, 경험, 가치관에 서서 그 이야기를 들어 주고, 마음을 헤아려 주어야 하는 것이다. 이 지점에서 바로 '공감'이 일어나는 것이다.

위 대화를 다시 가져와서 전개를 해 보자.

> "팀장님, 지난번에 발주가 나간 A 업체가 내부 사정으로 일주일 정도 납기가 지연될 거 같습니다. 우리 행사는 며칠 안 남았는데, 어떡하죠?"
>
> "저런, 김 대리가 많이 당황했겠네…. 나도 예전에 그런 경험이 있었지. 음… 김 대리가 가진 대안이 어떤 게 있어?"
>
> "네, 지난번 계약 체결 검토 때 검토를 했던 다른 업체가 있습니다. 경험도 많고, 평가 결과는 좋았는데, 아쉽게 다른 일정이 있어서 이번 발주에는 선정되지 못했어요. 바로 이 업체에 제가 도움을 요청해 보겠습니다."
>
> "그래, 김 대리. 우선 그 업체에 확인을 해 보고, 안 되면 다른 물품을 급히 조달하는 방안으로 다른 구성원들과 아이디어를 내 볼게."
>
> "감사합니다, 팀장님."

너무 이상적이라 여겨질지 모르겠지만, 이번 일의 해결을 넘어서 이 조직의 앞으로의 분위기와 김 대리의 일을 대하는 태도는 확연히 달라질 것이 분명하다.

언론 기사 보기가 겁나고, 불쾌지수가 극에 달하는 요즈음, 우리 모두가 작게라도 실천해 나가야 하는 중요한 덕목이 아닐까 생각해 본다.

성찰 스물둘,
질문으로
사람의 마음을 움직여라

▎사람의 마음을 닫게 하는 질문

엄마 : 이번 시험 성적표 안 나왔니?

딸   : (…) 어제 받아 왔는데, 깜박했어….

엄마 : 아니, 왜 그렇게 중요한 걸 받아 왔으면서 바로 안 보여 주는 거니?

딸   : 깜박했다고 말했잖아….

엄마 : 빨리 보여 줘 봐.

딸   : 왜 자꾸 화를 내는 거야?

엄마 : 아니, 성적이 또 떨어졌네…. 계속 학원 다니고, 스터디 카페도 계속 다니더니 공부 안 했니?

딸   : 왜 공부를 안 해. 한다고 한 건데….

엄마 : 너 공부한다고 밖에 나가 있으면서 진짜 공부를 하는 거 맞아?

딸   : 그렇게 못 믿겠으면 따라다니든지 해….

중고등학교 자녀를 키워 본 경험이 있는 가정에서 흔히 목격할 수 있는 엄마와 딸의 대화 장면이다.

엄마는 계속 궁금함을 질문의 형식으로 딸에게 던지고 있지만, 이 질문들은 궁금함의 차원을 넘어 딸의 마음을 계속 닫히게 하고 있다. 점점 딸의 마음에 상처를 내기 시작하면서. 아마도 이런 대화가 몇 번 반복되고 나면 딸은 동일한 문제를 가지고는 엄마와 대화를 하지 않으려는 마음이 생길 확률이 높아진다.

팀장　: 김 대리, 이번에 이야기한 보고서 다 되었으면 같이 이야기 좀 할까?
김 대리 : 네, 팀장님.
팀장　: 아니, 시간을 충분히 준 것 같은데, 마무리도 다 안 된 것 같네?
김 대리 : 네, 관련 사례 조사에 시간이 많이 걸려서 조사 결과를 정리하는 데 시간이 좀 걸려서⋯.
팀장　: 그래서, 정리하려는 결과가 뭐야?
김 대리 : 그게 아직 정리가 좀 덜 돼서⋯.
팀장　: 어느 정도 가설을 세우고 검증한다는 생각으로 조사를 해야 효율적으로 될 거 아니야, 그렇게 한 거야?
김 대리 : 제가 이번 일은 경험이 없는 분야의 일이라 그렇게까지는 준비를 못 했습니다.
팀장　: 상무님 보고가 코앞인데 어떡할 거야?
김 대리 : (⋯)

최근까지도 회사에서 어렵지 않게 볼 수 있는 일상의 모습이다. 팀장은 질문을 연거푸 해 대고 있지만, 온통 가시가 돋아 있고, 김 대리는 진땀을 흘

리고 있는 장면이다. 김 대리는 아마도 흘린 진땀만큼 팀장과의 거리감이 훅
~ 생겨나 있을지도 모르겠다.

좋은 질문하기

코칭에서는 코칭의 진정한 힘은 '질문'에서 나온다고 이야기하고 있다.
고객의 갇혀 있는 생각, 잠들어 있는 의식을 깨우기 위해 코치는 고객의 현
재 상태를 뛰어넘는 질문을 통해 고객이 스스로 문제 해결을 탐색하도록 이
끌어야 한다. 궁극적으로는 고객이 "아하~!"라는 새로운 깨달음이 올 수 있
도록 파워풀한 질문을 던질 수 있어야 한다.

그렇다면 좋은 질문을 하기 위해 어떻게 해야 할까?

1. 좋은 질문은 간결해야 한다

질문이 길다는 것은 질문자의 '의도'가 있다는 것이다. 이른바 '유도 질문'
이다. 우리가 흔히 TV를 통해 국회 인사 청문회를 볼 때, 많은 의원이 하는
질문이 바로 이 '유도 질문'이다. 더욱이 질문 끝에 "'예, 아니요'라고만 대답
하세요…."라는 최악의 조건을 달아 질문하는 것을 너무나도 많이 본다. 이
런 질문은 질문이 아니다.

2. 좋은 질문은 '열린 질문(Open-ended Question)'이다

반대인 '닫힌 질문(Closed-ended Question)'은 앞서 언급했던 것처럼 '예',

'아니요'로 대답할 수밖에 없는 질문이다. 이에 반해, '열린 질문'은 상대방의 생각을 열어 주는 질문을 말한다. 주로 '어떻게', '무엇을'이라는 단어와 함께 질문하는 것이다. 이 질문을 받은 상대방은 자신의 생각을 자유롭게 말할 수 있다.

3. 좋은 질문은 '맥락적 경청'을 통해서 나온다

좋은 경청이 있어야 비로소 좋은 질문이 가능하다는 의미이다. 좋은 경청을 통해 상대방의 의식의 흐름을 쫓아갈 수 있을 때 비로소 핵심을 건드리는 좋은 질문이 나올 수 있다. 결국, 잘 듣는 사람이 잘 묻는다는 것이다.

4. 좋은 질문은 '발견'을 이끌어 낸다

우리가 대화를 하는 목적은 주로 문제를 해결하고, 좀 더 나은 상황으로의 발전을 위한 경우가 많다. 그럼에도 불구하고, 앞서 이야기한 '닫힌 질문'이나 '유도 질문'을 반복하면 절대 이러한 방향으로 나아갈 수 없게 된다. 좋은 질문을 통해 상대방이 스스로 새로운 발견을 해낼 수 있도록 돕는 것이 대화의 궁극적 목적을 달성하는 데 핵심이 될 수 있다.

열린 질문의 힘

> 엄마 : 딸~ 이번 시험 성적표 나왔니?
>
> 딸　 : (…) 어제 받아 왔는데, 깜박했어….
>
> 엄마 : 어제 피곤해하더니 잊어버린 모양이구나….
>
> 딸　 : 그렇게까지 피곤한 건 아니었는데, 깜박해 버려서 미안해….
>
> 엄마 : 아니 미안할 것까지는 아니야. 어디 보자…. 이번 성적이 좀 떨어졌네….
>
> 딸　 : 미안해….
>
> 엄마 : 아냐, 지난 시험과 비교해서 어땠어?
>
> 딸　 : 좀 어렵기도 했고, 이번에 내가 준비를 좀 소홀히 했어.
>
> 엄마 : 어떤 부분이 어려웠던 거야?
>
> 딸　 : 교과서 외에서 많이 나왔어.
>
> 엄마 : 이번에 경험했으니, 다음 시험을 준비할 땐 어떻게 할 거야?
>
> 딸　 : 교과서 빨리 끝내고, 다른 외부 교재도 미리 챙겨 볼게.
>
> 엄마 : 이번에 소홀했다는 건 어떤 이유에서였을까?
>
> (중략)
>
> 엄마 : 이미 지난 일이니 받아들이고, 다음에는 동일한 실패가 발생하지 않도록 약속할까?

이처럼 좋은 질문, 즉 '열린 질문'은 알려진 바와 같이 매우 강력한 힘을 가지고 있다. 상대방으로 하여금 계속 의식을 활짝 열어젖히게 하여 숨어 있는 생각들을 끄집어내도록 돕는 것이다. 그리고, 그 생각들은 상대방 스스로가 불러온 것이기 때문에 이 생각들에 대한 '주인의식'이 자연스럽게 생겨난다. 즉, 이런 '주인의식'은 '실행력'으로 연결이 되는 것이다.

> 팀장　　: 김 대리, 이번에 이야기한 보고서 다 되었으면 같이 이야기 좀 할까?
> 김 대리 : 네, 팀장님.
> 팀장　　: 보고서가 아직 마무리가 덜 된 것 같은 느낌이 드는데, 어때?
> 김 대리 : 네. 맞습니다, 팀장님. 사례 조사 후 생각 정리가 시간이 좀 걸리네요.
> 팀장　　: 상무님 보고 시간은 잡혀 있고, 어떻게 하면 마무리를 할 수 있을까?
> 김 대리 : 오늘 하루만 더 시간을 주시면, 제가 마무리해 오겠습니다.
> 팀장　　: 내가 어떻게 하면 도움을 줄 수 있을까?
> 김 대리 : 제가 정리할 생각의 방향성에 대해 팀장님께서 지금 조금 언급을 해 주신다면 시간 절약이 될 수 있을 것 같습니다.
> 팀장　　: 난 내 경험상 결론의 방향성이 ~했으면 어떨까 싶어….
> 김 대리 : 감사합니다, 팀장님 생각을 참고해서 오늘 늦게까지라도 마무리해 보겠습니다. 이해해 주셔서 감사드립니다.
> 팀장　　: 너무 무리하지는 말고, 힘들면 나중에 도움 요청해….

이 대화를 계속 이상적인 이야기라 치부해 버릴 것인가? 아니면 끊임없이 반복되는 일상 속에서 조금은 낯간지럽지만 나의 루틴으로 체화(體化)시켜 나갈 것인가? 그 선택의 결과는 나중에 엄청난 차이를 보이는 결과로 현실이 될 것임이 분명하다.

이 작은 변화와 실천이 가져다줄 엄청난 결과를 믿고, 우리가 한 걸음씩 나아갈 수 있다면 지금과 같이 불쾌지수가 극에 달하는 세상이 조금은 아름답고 살 만한 세상이 되어 있지 않을까?

성찰 스물셋,
마음으로 기억하는 맛(味)의 의미

○ ● ○

❙ 최애(最愛) 음식은 추억과 사연을 품고 있다

중년의 나이에 음식을 가림이 없이 잘 먹는 나에게도 유독 '식탐'을 불러일으키는 이른바 '최애(最愛) 음식' 몇 가지가 있다. 부산 지역을 대표하는 밀면, 얼음을 간 옛날 팥빙수, 계란을 입힌 분홍 소시지, 동그란 찜기에 흰 면포를 깔고 찐 찐만두 등이다. 잠깐 이름을 쓰고 있노라니, 이내 입에 침이 고이는 것 같은 느낌이다.

그런데, 이 음식들은 공통점이 있다. 모두 어릴 적 추억이 한껏 담겨 있다는 점이다. 돌아가신 아버지는 내가 어릴 적에 무척이나 나를 데리고 돌아다니셨던 기억이 선하다. 야구, 축구도 보러 다니고, 일요일이면 어김없이 목욕탕으로, 별일 없이도 그냥 이것들을 먹으러… 참 많이도 돌아다녔던 것 같다.

그래서 그런지, 서울에서 일상에도 가끔 먹으려 해 보지만, 부산 고향 집에 내려갈 때는 거의 공식 행사처럼 이 음식들을 찾아가는 나를, 나 스스로가 재미있어하기도 한다.

이번에도 코칭 관련 업무로 부산에 내려가면서 본가에 들러 어머니도 뵙고 왔지만, 어김없이 밀면 한 그릇을 먹고 왔기에 아주 알찬 부산 출장이 된 것 같다.

▎한국전쟁 당시 북에서 내려온 피난민들의 애환이 담긴 음식, 밀면

한국전쟁 당시 함경도, 평안도에서 살던 수많은 분이 전쟁의 화마(火魔)를 피해 남으로, 남으로 내려와 부산까지 내려오셔서 터전을 잡고, 장사로 생계를 이어 나가시는 과정에서 고향에서 먹었던 냉면의 향수를 달래려고 미군부대에서 흘러나오는 밀가루에 전분을 섞어 만들기 시작한 것이 밀면이다.

밀면은 냉면과 오묘하게 다른 맛을 가지고 있다. 특유의 향도 있고, 면도 메밀의 식감과는 다르다. 지금도 인터넷에 검색해 보면, 부산 3대 밀면이니, 5대 밀면이니 하면서, 오래되고 유명한 노포의 맛집들을 쉽게 발견할 수 있는데, 나의 성장사에서도 빼놓을 수 없는 한자리를 차지하고 있는 음식이기도 하다. 아버지와의 추억의 삼분의 일이 이 밀면에 담겨 있다고 해도 과언이 아니기 때문이다. 아버지와 나는 밀면 마니아들이었다.

이번에 들른 유명 밀면집도 아버지 살아 계실 때 자주 들렀던 곳으로 혼자 가게를 들어가면서도 왠지 모를 아버지의 기억과 기운이 어렴풋이 느껴지는 것 같았다.

옛날 팥빙수 또한 두말하면 서러운 아버지와 나의 최애 음식이었다. 요즘처럼 우유가 아니라 그냥 큰 얼음을 갈아 약간의 연유와 직접 쑨 단팥죽을 듬뿍 넣은 옛날 그대로의 팥빙수를 우유를 부어 가면서 마치 슬러시(Slush)처럼 먹는 우리 두 사람의 방식은 아직도 내 머릿속에 선명하게 남아 입맛을 돋우기에 충분하다.

가끔 아내, 애들이랑 빙수를 먹을 때 우유를 부어서 먹는 이 방식으로 먹으라치면 난 구박덩어리가 되곤 한다. 팥빙수 먹을 줄 모른다고…. 사실은 자기들이 그 맛을 모르는 건데 말이다….

중년의 남자들이 갑자기 어린애가 되고 마는 계란을 입힌 분홍 소시지…. 회사 구내식당에 나오면 아저씨들이 부끄러움도 모르고 수북이 쌓아 간다. 모처럼 식탐을 부리는 것이다. 말해 뭐 하겠나? 이 분홍 소시지는 우리 어릴 때 가장 인기 있는 도시락 반찬이었다. 사실 커서 먹어 본 분홍 소시지는 이미 고급진 햄에 익숙한 우리 입맛에 대단한 맛이 느껴지지는 않는 것이 사실이다. 밀가루 맛이 많이 난다고 할까? 하지만 우리는 소시지를 먹는 것이 아니라, 바로 학창 시절의 추억과 감정을 먹는 것이기에 식탐을 한껏 부리게 되는 것이다.

▌ 추억의 음식, 감정을 먹는다…

궁금해졌다. 유독 나만 이처럼 어릴 때 먹던 음식들을 지금도 최애 음식으로 좋아하는 것일지…. ChatGPT에게 물어보았다.

지금도 좋아하는 음식은 어릴 때 기억과 관련이 있는 걸까?

ChatGPT의 말:

네, 지금도 좋아하는 음식이 어릴 때의 기억과 깊은 관련이 있는 경우가 많습니다. 이런 현상은 심리학, 뇌과학, 심지어 진화생물학적인 측면에서도 설명할 수 있습니다.

1. 감정과 연결된 기억

어릴 때 특정 음식을 먹으며 느꼈던 감정—예를 들어 가족과 함께한 따뜻한 저녁, 특별한 날 먹은 음식, 위로받았던 순간 등—이 뇌에 강하게 각인됩니다. 이 기억은 감정 중추인 **편도체**(amygdala)**와 기억을 저장하는 **해마**(hippocampus)**에서 연결되며, 그 음식이 단순한 맛을 넘어서 정서적인 의미를 갖게 됩니다.

2. 향과 맛의 기억은 오래간다

맛(taste)과 향(smell)은 다른 감각보다 기억에 더 오래 남는 편입니다. 이것은 후각이 뇌의 원시적인 부위와 밀접하게 연결되어 있기 때문입니다. 그래서 어릴 때 자주 맡거나 먹었던 음식의 향이나 맛은 나중에 다시 접했을 때 강한 향수를 불러일으키고, 그 결과 '좋아하는 음식'으로 자리 잡기도 합니다.

3. 습관 형성

어릴 때 자주 먹던 음식은 익숙함(familiarity) 때문에 좋아지기 쉽습니다. 이는 진화적으로도 안전한 음식(익숙한 것)을 선호하도록 인간이 발달했기 때문입니다.

4. 사회적·문화적 영향

가정의 식습관이나 문화적 배경도 영향을 미칩니다. 예를 들어 어릴 때부터 된장찌개, 김치, 떡볶이 같은 음식을 자주 먹으며 자란 사람은 성인이 되어서도 그런 음식에 친밀감과 애정을 느끼는 경우가 많습니다.

예시:
어릴 때 외할머니가 해 주시던 된장국이 지금도 가장 좋아하는 음식인 이유는, 단순히 맛이 아닌 '할머니의 사랑'과 '안정감'이 함께 기억되어 있기 때문일 수 있습니다.

그렇다. 인간의 기억은 감정과 연결된 기억이 오래 지속되고, 강한 영향을 미친다고 한다. 바로 어릴 적 좋은 감정, 좋은 기억과 함께 먹었던 특정 음식들은 기억하고자 하는 그 감정을 떠올리는 매개체로 작용하면서 오랜 시간이 지나도 좋아하는 음식으로 자리를 잡고 있는 것이다. 이 음식을 먹으며, 그 음식이 담고 있는 옛날의 그 감정을 떠올리는 것이다.

어쩌면 나는 밀면을 먹고 싶거나 팥빙수에 우유를 부어 먹는 것이 맛있어서라기보다는 돌아가신 아버지를 떠올리고, 아버지와의 추억의 시간, 그때의 감정과 기운을 느껴 보고 싶어 하는 것이 아닐까?

문득, 오늘따라 아버지가 많이 생각나는 것 같다.

성찰 스물넷,
아직은 아름다운 세상 1

○ ● ○

▎불신과 증오, 그리고 분노가 넘치는…

최근 살면서 가장 많이, 그리고 가장 흔하게 접하는 감정과 느낌이다. 하루 종일 TV를 통해, 하루 종일 나의 스마트폰에서 쏟아 내는 소식과 기사에서는 한결같이 불신의 감정과 충돌의 기운, 그리고 부정의 에너지를 쉴 새 없이 분출하고 있다.

정치권에서 하루에도 수십 건씩 쏟아 내는 '선을 넘은' 네거티브 공방들은 이미 익숙해진 지 오래된 것 같고, '분노조절장애'의 표출된 행동들이 하루가 멀다 하고 기사로 등장을 할 때면, 이제 익숙해질 만도 하지만, 아직은 가슴을 쓸어내리는 일이 더 많은 것이 사실이다. '왜 개인적 이혼 소송 판결의 불만을 많은 사람이 이용하는 지하철 방화로 연결해야 하는지….' 그 속에서 하루하루를 살아가는 것은 너무나도 피곤하고 짜증 나는 일인 것 같다.

이처럼 '네가 죽어야 내가 사는 세상'을 사는 것이 점점 힘든 게 비단 나만의 생각은 아닐 것이라 위로해 보지만, 커 가고 있는 우리 아이들이 주역이 되어 살아가야 할 세상의 어두운 모습을 보는 것 같아, 마음이 늘 불편하고 미안한 마음을 감추기 어려운 것이 솔직한 마음이다.

▎두 사람 간의 고마움과 신뢰… 세상을 바꾸는 작은 힘이 된다

이러한 혼탁한 세상 속에서도 아직 순수함을 잃지 않은 마음들은 존재하는 듯하다.

어제 마지막 5회 코칭을 마무리한 한 여대생으로부터 밤에 장문의 문자를 받았다. 작은 일이라 치부하기엔 내게 가져다준 감동이 너무나도 컸기 때문에, 세상의 혼탁함을 잠깐 잊어버리게 해 주었고, 다시 한번 내가 할 일을 찾아 묵묵하게 해 나가겠다는 다짐을 하게 되는 계기를 만들어 주었다.

> 안녕하세요, 코치님. 오늘 코치님께 마지막 회차 코칭을 받았던 ○○○입니다!
>
> 코치님과의 코칭 시간은 늘 재밌었고, 제게 깨달음을 줬던 시간들이라 매번 기다려지는 시간이었는데, 코칭 5회 차가 벌써 끝나 버렸다는 게 너무너무 아쉬워요.
>
> 저는 하고 싶은 것도 많고, 그에 따른 생각과 고민이 많은 편이라 머릿속이 늘 복잡한 편이었는데, 코칭 이후 제 스스로 생각 정리가 많이 됐어요!! 머릿속에 이리저리 흩어져 있던 낙서들이 깔끔한 노트 정리로 잘 정돈된 느낌이랄까요.ㅎㅎ!!
>
> 까먹지 않으려고 나름 매 회차 코칭 이후 복기하면서 정리도 해 뒀습니다. 코치님

께 열심히 배웠던 내용들 잊지 않고 앞으로 쭉 전진해 나가겠습니다.

제가 코칭을 신청했던 건 단연코 올해 잘한 선택 중 하나였고, 무엇보다 너무나도 좋은 코치님을 만날 수 있어 영광이었습니다. 생각 정리와 방향성 재정비를 넘어서서 코칭 시간을 통해 많은 위로를 받았던 것도 따뜻한 기억으로 남는 것 같아요.

코치님께서 늘 제 이야기를 잘 들어 주시고, 공감해 주시고, 따뜻한 조언들을 많이 해 주신 덕분에 정말 많은 위로가 됐고, 다시 한번 씩씩하게 나아갈 수 있는 힘이 됐어요!
정말 감사드립니다.

나중에 꼭 좋은 소식 들고 찾아뵐게요!!

어느덧 올해의 절반인 6월이 찾아왔는데, 일요일 저녁 편안히 잘 마무리하시고, 다가올 하반기에는 행복한 일들로 가득한 일상 보내시길 바라겠습니다.

그 어떤 가르침보다 나에게 강력한 삶의 에너지를 던져 준 어느 여대생의 문자 한 통….

아직 세상은 아름다운 곳인 것 같다!!

성찰 스물다섯,
아직은 아름다운 세상 2

○ ● ○

┃ 광인(狂人)의 검(劒)이 칼춤을 추는 세상…

오늘 이스라엘이 이란을 기습적으로 공습하여 이란의 고위 군 장성이 죽고, 큰 피해를 입혔다는 속보가 떴다. 이스라엘은 팔레스타인 통치 지역인 가자지구와의 전쟁도 채 마무리가 되어 있지 않은 상황인데, 또 다른 도발을 한 것이다. 저쪽 반대편에서는 러시아와 우크라이나가 아직도 식지 않은 전쟁의 열기를 지속하고 있는데, 또 다른 지정학적 긴장이 추가가 된 꼴이다. 미국의 트럼프는 중국과 협상을 일단락했다고는 하나, 끊임없이 근거를 알 수 없는 관세 전쟁을 벌여 나가고 있는 중이다. 그에게는 우방도 적도 없다. 미국을 제외한 모든 나라가 관세 전쟁의 대상이다.

인터넷이 발달하고, SNS가 급격히 생활 속으로 스며든 지 오래되었고, '종편'이라는 채널의 다원화를 통해 만들어진 종일 방송 등, 각종 인프라가 하루 종일 쏟아 내는 기사들 중 단 하나도 착하고 아름다운 것이 없다. 경쟁적인 자극적 제목들은 이러한 짜증을 한층 더 부추기고 있기도 하다.

요즈음은 그냥 인터넷도, 방송도 없는 세상에서 한동안 살면 좋겠다는 생각이 굴뚝같다.

▍대한민국 최고의 기업 현장 리더와의 교감

최근 대한민국 최고의 기업 리더들을 코칭하고 있다. 그중 한 명은 이야기를 하면 할수록 나의 젊은 시절의 데자뷔를 보는 듯 마음이 많이 갔고, 그래서인지 정말 6회의 코칭을 지겨운 줄도 모르고 서로에게 빠져들었던 것 같다.

대한민국 최고의 기업에서 일하고 있는 최고의 리더이지만, 그의 마음에도 아픈 이야기와 고민들은 존재하였고, 이러한 내면의 공유를 통해 인간적 우애를 교감하는 시간을 가질 수 있었다.

일분일초가 전쟁인 기업 현장에서도 이러한 따뜻한 마음을 가지고 있고, 그러한 마음을 나누고 싶어 하는 사람들이 많이 있다는 사실에 내가 존재해야 하고, 내가 기여할 수 있는 일들이 있다는 사실, 그리고 그러한 교감을 통해 아직 세상은 아름다운 구석이 남아 있다는 사실에 새삼 마음을 뺏기게 되는 것 같다.

코치님!

코치님과 함께한 코칭 프로그램을 통해 아등바등 앞만 보며 달려가느라 돌아보지 못했던 저의 부족한 부분과 저조차 돌보지 못했던 어느새 오십에 가까운 한 중년 아저씨의 쓸쓸한 뒷모습을 보았습니다.

처음에는 어색했던 순간이 코치님의 따뜻한 배려에 자연스레 풀렸습니다.

특히 저의 낮은 자존감을 발견하고, 이를 극복하기 위해 노력해야겠다는 생각을 하게 되었습니다. 항상 제 자신에게 야박해서 칭찬보다 실망하고 다그치기에 바빴는데, 이제는 제 자신에게 조금 더 관대해지려고 합니다.

직접 뵌 적은 없으나, 저와 비슷한 상황을 미리 겪으신 코치님께서 건네주신 위로와 격려가 큰 힘이 되었습니다.

'좋은 팀장'이 되는 것보다 '더 좋은 나'가 될 수 있도록 생각할 수 있는 귀한 기회를 주셔서 정말 감사합니다.

다시 한번 코치님께 마음 깊이 감사드리며, 앞으로 코치로서 그리고 원하시고 계획하신 일에 행운과 행복만이 가득하길 기대합니다.

○○○ 드림

이 문자를 받아 보고 마음이 울컥하지 않을 수 없었다. 나도 최선을 다했고, 팀장도 진심을 다했던 것이다. 그리고, 우리는 얼굴 한 번 본 적 없지만 십년지기 이상으로 마음으로 교감했던 것이다.

"팀장님, 지금 이 마음 잊지 않고 살아간다면 좋은 일과 행복한 일 가득하실 겁니다. 파이팅입니다~!!"

성찰 스물여섯,
백수(白手)도 과로사(過勞死)한다 1

◦ • ◦

▎ 반백에 찾아온 번아웃(Burnout)이란 불청객

요즈음 모든 게 힘들고 지친다. 아니, 솔직히 짜증이 난다. 얼마 전에는 입술이 심하게 부르텄었다. 면역력이 떨어지면 어김없이 내 입 주변에 나타나는 '헤르페스', 주변에서는 놀림 반, 걱정 반으로 한 마디씩 했다. "적당히 좀 하고 살지…." 그때마다 나의 궁색한 대답은 "백수가 과로사한다더니 그 말이 맞네…."

성격 탓도 해 보고, 쉬어야지, 운동해야지… 등 온갖 핑곗거리를 갖다 붙여 보았지만, 마음속 한구석 어딘가에 찜찜함이 남아 없어지지를 않는 찜찜한 느낌이 계속되고 있다. 문득 머리를 스쳐 가는 생각 하나, "번아웃이구나…." 오십 중반에 찾아온 '번아웃'은 상당히 당황스러운 것이 사실이다. 지난 현직 시절, 쉼 없이 달리는 폭주 기관차 같았던 나에게 근접조차 못 했던 '번아웃'이었고, 최근에도 간혹 대학생 코칭에서 '번아웃'이 온 학생들을 부모의 마음으로 코칭해 주곤 했는데…. 내가 그 당사자가 된 것이다.

▎번아웃(Burnout) 증후군…

'번아웃(Burnout)'은 사전적으로 '과도한 스트레스와 신체적 혹사로 인해 심리적, 생리적으로 많이 지친 상태로서, 목표의식과 열정을 잃어버린 상태' 정도로 의미를 찾아볼 수 있다. 좀 더 정확한 용어로는 '번아웃 증후군(Syndrome)'이라 표현하는 것이 맞을 것 같다.

지난해 초, 갑작스러운 회사로부터의 해고 통보 후, 걷잡을 수 없었던 방황의 시간을 빠르게 안정된 시간으로 되돌려 준 것이 바로 코칭이었다. "사람의 완전한 능력을 믿으라. 적극적으로 경청하라. 질문을 통해 변화를 유도하라…." 배우는 것 하나하나가 '그동안 참 많은 것을 놓치고 살았구나…'라는 반성과 새로운 변화의 에너지를 주는 것 같아 삶에 활력이 생김을 느끼던 시간이었고, 인생 후반전 새로운 '업(業)'으로서의 목표는 쉽지 않은 시간을 힘든 줄 모르고 달려가게 해 주었던 것 같다. 그 과정에서 'KAC(Korea Associate Coach)'를 거쳐 'KPC(Korea Professional Coach)' 자격까지 취득하였고, 대학원은 2학기를 곧 마치게 된다.

하지만, 지난 KPC 시험 준비 기간부터 스멀스멀 찾아오기 시작한 코칭에 대한 피로감이 어느덧 크게 자리 잡게 됨에 따라 번아웃의 가장 큰 원인이 되어 버린 것 같다. 끊임없이 이어지는 다음 단계의 자격 취득 목표, 쏟아지는 배워야 할 지식과 정보들, 쌓아도 쌓아도 계속 쌓아 가야 하는 코칭 시간들의 무게…. 앞으로도 끊임없이 달려가야 할 시간들 앞에 지치고 주눅이 드는 날이 많아지고 있다.

그동안 앞만 보고 달려온 지난 시간을 뒤로하고, 행복한 시간을 찾아 제2의 인생을 살겠노라 마음먹었던 그 작은 소망을 외면이라도 하듯, 다시 목표와 달성, 또 목표와 달성이라는 너무나도 익숙한 쳇바퀴가 나에게 놓여 있음을 깨닫고는 화들짝 놀라는 마음을 감출 수가 없다. 완전히 그냥 즐기면서 이 시간을 보낼 수는 없을까?

대학원 동료들도 처음에는 오랜 직장에서 닳고 닳았던 느낌의 사람들과는 달리 순수하고 신선함이 좋았고, 한 목표를 바라보지만 조금은 느슨한 관계가 너무나도 좋았는데, 이제는 개인들의 성향이 드러나기 시작하면서 서로에 대한 관여나 구속이 생겨나 또 다른 피로감을 쌓아 가고 있다.

내년이면 대학교 3학년, 고등학교 3학년 두 딸의 아버지가 되기 때문에 현실적인 생각을 하지 않을 수 없는 현실 또한 쉽지는 않다. 새로 입주한 아파트의 세금도 만만치 않고, 이래저래 지출은 피크(Peak)를 찍으러 달려가고 있는데, 수입이라는 측면에서는 점점 색깔이 희미해져만 가는 인생 후반전은 나 자신을 스스로 '녹슬어 가는 ATM'과 같은 존재로 생각할 만큼 무기력하게 만드는 것 같다.

인생 후반전의 재취업 시장은 냉랭하기만 하다. 그래도 명색이 대기업 임원 출신인데 어디 일할 데 없겠나 싶은 자존감을 내려놓고 있지는 않지만, 툭하면 나이 문제로 거절을 당하고, 경기 침체가 장기화되다 보니 기업들은 채용의 문을 견고하게 닫아 버린 것 같아 '현타'만 반복하는 나 자신을 보면서 지금의 자존감을 계속 부여잡을 수 있을지 이제는 확신이 잘 들지 않는다.

중년의 번아웃은 탈출 방법이 없을까?

오십 중반에 찾아온 번아웃은 갤럽이 제공하는 강점(Strength) 진단에서 '성취(Achiever)' 강점이 1위인 나에게 더 이상 목표를 세우지 못하도록 무기력하게 만들고 있다. 네이버니, 다음이니 하루 종일 올라오는 온갖 기사들도 짜증을 더욱 부추기기만 한다. 사람들 만나는 것도 점점 피곤해지고….

슬기로운 탈출법은 어디에 있는 것일까?

성찰 스물일곱,
스포츠를 통해 보는 리더십 1

○ ● ○

▎ 구도(球都) 부산, 그리고 나…

언제부터인지 나의 고향, 부산은 구도(球都)라고 불린다. 한국 야구의 중심지이자, 야구에 대한 열정이 남녀노소를 불문하고 유난히 강한 이유라 생각된다. 부산은 과거 일제 강점기부터 야구가 활성화되었으며, 대한민국 야구의 산실, 경남고와 부산고 등 야구 명문들이 아직도 많은 미래의 스타들을 배출해 내고 있기도 하다.

한국 프로 야구는 최근의 위상과 인기에 비교해 볼 때, 그 출범이 순수하거나 아름다운 것은 아니었다. 1982년 당시 전두환 정권의 소위 '3S(Sports, Screen, Sex) 정책'의 일환으로 시작된 프로 야구는 올해로 약 43년의 역사를 가지고 있는데, 43년이 지난 지금, 출범 당시의 회사와 팀명이 남아 있는 구단은 대구를 연고지로 하는 삼성 라이온즈와 부산을 연고지로 하는 롯데 자이언츠 2개 구단밖에 없다.

나는 1982년 프로 야구 원년(元年)의 롯데 자이언츠 어린이 회원 출신이다. 내가 다닌 SK그룹도 한때 프로 야구단을 운영하였으나, 나의 롯데 자이언츠 팬심을 꺾을 수는 없었기에 43년 오직 롯데 팬 한길을 걸어왔다. 회사 내 나와 동향(同鄕) 후배들도 사정이 다르지는 않아서, 우리는 농담 반, 진담 반으로 "회사의 모든 요구 사항은 따르겠습니다. 종교와 야구는 강요하지 말아 주세요~"라고 우리의 팬심을 드러내곤 했던 기억이 난다. 비슷한 맥락에서 롯데 자이언츠의 홈구장인 사직 야구장은 하나의 종교라는 말이 있기도 하다.

1984년과 1992년 두 차례의 우승 경험이 있고 난 후, 단 한 차례도 우승을 해 보지 못했고, 항상 하위권을 맴도는 팀 성적이 지속되었지만, 팬 동원 숫자만큼은 늘 1~2위를 다투는 국내 최고의 인기 구단이었으며, 나 같은 골수팬들을 대량으로 보유한 '부심'으로 충만한 팀이기도 하다.

주식에서는 인생을, 야구에서는 리더십을…

물론, 야구 그 자체를 좋아하고, 롯데 자이언츠를 좋아하는 골수팬이기는 하지만, 나에게는 일종의 직업병이 표출되는 재미있는 분야이기도 하다.

지난 첫 출간 책에서 이야기한 바 있긴 하지만, 주식을 하면서는 '돈의 흐름'보다는 '인생의 희로애락'을 많이 관찰하였던 것 같다. 하루하루의 주가의 흐름을 하나의 막대로 표시하고, 이를 장기적으로 연결하는 차트를 보면서 그 안에 담긴 수많은 사람의 희로애락이 늘 먼저 나에게는 다가왔었다. 그리고, 후배들에게 멘토링이나 강의를 할 때, 이 주식의 차트를 활용하여 인생을 논한 경험이 많다. 단기적 희로애락은 장기적으로 볼 때, 보이지도 느껴지지도 않는 하나의 점과 같은 것이기 때문에 늘 멀리 보고, 목표를 원대하게 가지라 이야기하곤 했었다.

반면, 야구에서는 유난히 리더십을 관찰하고, 연구하게 되는 습관이 언젠가부터 생기게 되어 현재 회사 리더들을 대상으로 코칭을 할 때, 야구에서의 리더십을 예로 많이 들고 있다.

만년 하위 팀 롯데 자이언츠가 2025년 6월 말 현재 3위*라는 성적으로 가을 야구에 대한 기대를 커지게 해 주고 있는데, 여기에는 김태형 감독이라는 명장(名將)의 리더십이 핵심이라는 점은 야구를 아는 사람들 누구도 감히 부정할 수 없다.

크게 구성원의 변화가 없는 팀인데, 어떻게 백업(Back up)의 백업의 백업들이 등장해도 한결같은 경기 내용과 결과를 만들어 낼 수 있는지…. 조직이 변화하여 만들어질 수 있는 최고의 상태, 소위 '화수분(河水盆)**'의 조직 역량을 구축하는 결과를 어떻게 만들어 냈을까 하는 점은 조직의 리더십에 관심이 있거나, 실제 리더로서 일을 하는 사람들은 주의 깊게 살펴봐야 하는 대

---

* 출간을 준비하고 있는 2025년 8월 말 현재 5위로 내려가는 부침을 겪고 있는 중이기도 하다.
** 화수분: 어원은 중국 황하(黃河)의 물을 담은 동이에서 유래(河水盆)하였으며, 전설에 따르면 진시황이 만리장성 축조 시 10만 명의 병력을 동원해 황하의 물을 퍼다 이 동이에 채웠다고 한다. "그 물동이가 아무리 써도 없어지지 않는다."라고 전해진다. 최근에는 어떤 자원이나 인재, 성과가 끊임없이 생산되거나 배출되는 곳을 뜻하는 비유적 표현으로, 스포츠·교육·기업 등 다양한 분야에서 자주 쓰이는 긍정적인 상징이다.

목이라 할 수 있다.

팀 리더들과의 코칭 장면에서 많이 나오는 주제가 바로 "어떻게 하면 조직으로 일을 할 수 있을까?"라는 것이다. 어느 구성원에게 일을 맡겨도 제 몫을 해내고, 모든 구성원 스스로가 이를 위해 늘 학습하고, 노력을 게을리 하지 않는다는 것을 한번 상상해 보라. 리더가 가질 수 있는 최고의 행복이 아닐까?

이런 조직을 만들어 내는 리더십은 과연 무엇일까?

성찰 스물여덟,
스포츠를 통해 보는 리더십 2

○ ● ○

┃ 그들은 모두 일류(一流) 선수는 아니었다…

최근 우수한 성과를 거두고, 명장(名將)의 반열에 오르는 과거 선수 출신 리더들은 재미있게도 소위 일류(一流) 선수 출신이 아닌 경우가 대부분이다.

지난 2002년 대한민국을 뜨겁게 불태운 주인공, 거스 히딩크 감독도 통산 16년의 선수 경력에서는 그리 주목받지 못한 선수였다는 것은 우리 대부분이 잘 알고 있는 사실이다. 최근 베트남 국가대표를 이끌며 베트남의 히딩크가 되었던 박항서 감독도 작은 키였지만 '악바리' 별명을 가지고 있을 정도로 근성 있는 선수로서 활동했으나, 우리 중 그를 스타플레이어 출신이라고 기억하는 이는 거의 없다. 우리나라 축구 역사상 가장 뛰어난 선수라 해도 과언이 아닐 손흥민의 아버지 손웅정 씨도 스스로를 실패한 선수라 칭한다.

야구도 비슷하다. 2025년 6월 말 현재 프로야구 1~3위* 팀의 감독들 모두 선수 시절에는 늘 스타플레이어들의 화려한 스포트라이트와는 다소 거리가 있는 분들이다. LG의 염경엽 감독, 한화의 김경문 감독, 롯데의 김태형 감독이 그들이다. 하지만 세 감독 모두 감독 시절에는 화려한 성과를 거둔 명장들이다. 특히 김경문 감독은 2008년 베이징 올림픽에서 대역전 드라마를 찍으며 한국 대표 팀에 금메달을 안긴 장본이기도 하다.

반면, 화려한 스타플레이어, 국민 스타 칭호를 달고 다니던 선수들은 지도자로 데뷔 후 이렇다 할 성적을 내지도 못하고 중도에 경질되거나, 팬들의 질책에 시달리는 모습을 쉽게 찾아볼 수 있다. 글로 그분들의 실명을 거론하는 것은 예의가 아닌 듯하여 이쯤에서 그만 이야기하는 것이 좋을 것 같다.

명장들의 리더십에는…

앞서 살펴본 화려하지 않은 선수 경력의 명장들에게는 어떤 리더십의 요소가 작동하고 있는 것일까?

1. '공감(共感)의 능력'이다

스포츠나 연예계, 일반 기업들에서도 소위 '스타플레이어'는 수적(數的)으로 소수이다. 대부분은 스포트라이트를 받지 못하는, 어렵고 힘든 시간과 공간에 존재한다. 그들은 '어떻게 하면 성공의 스토리를 쓸 수 있을까?', '어떻

---

* 출간을 준비하고 있는 2025년 8월 말 현재 일부 순위 변동이 진행 중이다.

게 하면 그 성공의 스토리의 주인공이 될 수 있을까?'라는 영원히 풀지 못할 것 같은 수수께끼를 가슴에 간직하고 살아간다. 남들만큼, 남들보다 더 노력도 해 보지만 수수께끼는 현실이 되지 못하고, 수수께끼로만 세월을 삼켜 가는 것이다.

이 명장들은 이러한 대부분의 소위 '루저(Loser)'들의 마음을 누구보다도 잘 읽고 있고, 읽어 낸다. 그들의 마음을 헤아려 주는 말 한마디, 행동 하나를 적시에 할 줄 안다. 그것들이 쌓여 이들 '루저(Loser)'들은 '위너(Winner)'가 되기 위한 동기부여가 한층 강해지게 되는 것이다. 이후, 단 한 번의 작은 '성공의 경험'을 맛보게 되면 이들의 행보는 무서우리만큼 폭발력을 보여 준다.

2. '커뮤니케이션(Communication)과 소통 능력'이다

리더가 구성원을 대상으로 가장 먼저, 공감을 할 수 있다면 다음은 커뮤니케이션과 소통이다. 기업 리더들을 대상으로 코칭을 하다 보면 커뮤니케이션, 소통을 잘 하고 싶다고 한결같이 이야기하면서, 그 '빈도(頻度)'를 중요한 요인으로 꼽는 것을 관찰할 수 있다. 하지만, 미안하게도 좋은 커뮤니케이션과 소통은 빈도의 변수가 아니다.

말을 하는 사람은 그 말에 100% '의도(Intention)'가 포함되어 있다. 그 의도를 전달하기 위해 말을 하는 것이다. 반면, 듣는 사람은 자신의 '인지(Perception)'를 통해 상대방의 말을 이해하고, 받아들인다. 바로 이 의도와 인지의 불일치 지점에서 커뮤니케이션과 소통의 모든 문제가 발생하는 것이다. 우리가 흔히 다투고 난 후 화해하는 시점에서 가장 먼저, 가장 흔하게 하는 말이 있다. "아까 내가 한 말은 그런 의도가 아니었어…."

공감이 바탕이 되는 리더는 자기가 '하고 싶은 말'이 아니라 상대방이 '듣고 싶은 말'을 정확히 읽어 내고, 적시에 할 줄 안다. 두 말은 결코 다른 말이 아니다. 선택하는 어휘나 표현이 달라지는 것이다.

"아니, 어떻게 그게 안 되니? 남들 다 하는데…. 좀 잘해 봐."가 아니라 "남들도 다 하는데 나라고 못 할 이유가 없지 않아? 너도 잘할 수 있어."

결국 "잘하라, 열심히 하라."라는 말을 하고 싶은 것이 아닌가? 하지만 위 두 말은 그 결과 측면에서는 완전히 다른 모습을 보게 될 확률이 크다.

3. '신상필벌(信賞必罰)'이 투명하고, 엄격하다

거스 히딩크 감독이 2002년 당시 이천수, 안정환 선수 등에게 보여 준 '신상필벌의 원칙'은 잘 알려진 내용이다. 히딩크 감독은 팀과 팀워크에 방해가 되는 행동을 하는 경우 가차 없이 그 대가를 물었다.

롯데 김태형 감독도 마찬가지이다. 그는 소위 '몸값과 이름값' 있는 스타들에 대한 특별한 대우나 배려가 없다. 성적이 안 따르는 경우, 팀에 방해나 실수가 있는 경우 등에는 가차 없이 2군으로 내려보낸다. 반면, 2군에 있는 선수들도 태도나 성적이 뒷받침되는 경우에는 과감히 기용하여 기회를 제공한다. 이 부분은 이론적으로는 당연해 보이는 쉬운 일처럼 보이지만, 하루하루 성적에 대해 책임을 져야 하는 프로 세계의 감독이 쉽사리 할 수 있는 결정과 행동은 아니다. 왜냐하면, 만에 하나 본인의 결정이 잘못된 결과로 돌아올 경우 그 책임에서 자유롭지 못하기 때문이다.

하지만, 이러한 엄격한 '신상필벌의 원칙'은 누구에게나, 선입견이나 보이지 않는 힘의 방해 없이, 열심히 그리고 잘하면 공평하게 기회를 보장받을 수 있다는 점이 강력한 동기 요인으로 작용한다. 이러한 동기 요인은 팀 전체에 "한번 해 보자~"라는 '위너(Winner)로 가는 마인드셋'을 확산시켜 소위 '화수분'의 조직이 만들어지게 된다.

▌ 나의 조직을 '화수분'으로…

스포츠 세계에 국한된 이야기만은 아니다. 다시 처음으로 돌아가, 조직에서 신임 리더가 되었을 때의 설렘과 부담감, 그리고 책임감을 한번 떠올려 보자. 나에게 분명한 생각과 계획들이 있었음이 확실하다. 세월과 상황의 흐름에 잠시 잊어버리고 있을 뿐….

나의 조직이 '화수분'처럼 강력한 조직이 되어 있는 모습…. 그렇게 힘든 일도, 그리 멀리 있는 일도 아닐 수 있다. 오늘부터 힘을 내 보자. 내가 '화수분'의 주인공이 되는 날을 위하여~

성찰 스물아홉,
백수(白手)도 과로사(過勞死)한다 2

◦ • ◦

▎꿀맛 같은 휴식…

대학원 2학기가 끝이 났다. 그리고, 그동안 나의 에너지를 모두 쏟아부었던 코칭 일정도 당분간 휴식기에 들어섰다. 몇 군데 진행하던 취업도 비록 결과가 좋진 않지만 어쨌든 일단락이 되어 버렸다. 이 모든 일의 결과로, 조기 졸업을 위해 신청한 여름 계절 학기가 시작되기 전까지 약 2주간의 휴식 시간이 나에게 주어진 것이다.

우선, 매일같이 출근하던 퇴임 임원 사무실을 예약하지 않았다. 그래야만 될 것 같았다. 그리고는 여행을 떠나기 시작했다.

초여름의 강릉 바닷가…

월정사와 월정사 계곡

우선 아내와 함께 짐을 챙겨 강릉 바닷가로 여행을 떠났다. 고2 작은 아이 때문에 아내는 아직 자유로운 일정이 불가능한 탓에, 생각해 보니 둘이 오붓하게 여행을 다녀온 게 한참이 지난 것 같았다.

평일의 광주-원주 고속도로(제2 영동 고속도로)는 스마트 크루즈 컨트롤 기능(주행 편의 기능)을 마음껏 사용할 수 있도록 탁 트인 도로와 시야를 제공해 주었다. 경유지로 들른 평창 오대산 월정사의 전나무 숲길과 맑은 계곡은 그동안의 지친 몸과 마음을 한 번에 씻어 내리기에 충분한 곳이었다.

경포대 해변

　강릉으로 넘어가는 길목인 대관령 부근에서 우연히 들른 식당의 감자전과 도토리묵은 '뜻하지 않은 횡재'처럼 맛과 양으로 우리를 충분히 즐겁게 해 주었던 것 같다. 저녁 경포대 해변 횟집에서의 둘만의 데이트, 그리고 해변을 따라 놓인 둘레길을 거닐며 바라본 일몰은 당분간 기억에 남을 것 같다.

▎ 대학원 동기들의 브로맨스 여행…

　아내와 강릉을 다녀온 바로 뒷날, 대학원 동기 두 명과 강화도로 떠났다. 두 사람 모두 은퇴자들로 평소 '동병상련(同病相憐)'의 처지이기에 비교적 생각이 잘 통하는 편에 속하는 이들이다. 이곳은 내가 두 번 다녀온 곳이라 내가 예약을 하고, 안내를 맡았다. 강릉은 일출이 유명하다면, 여기 강화도는 '일몰 맛집'이라 할 수 있다.

강화도 해변

최근 두 명 중 한 명이 겸임 교수로 재직하고 있는 학교에 코칭 프로그램을 도입하는 프로젝트를 셋이서 추진해 오고 있는데, 이제 막바지에 달해 곧 결실을 맺기 직전에 있다. 오후에 만나 저녁 늦게까지 술자리로 이어지는 토론과 회의는 다시 과거 현직으로 돌아간 느낌을 주기에 충분했다.

이튿날 비록 입구까지만 갔지만, 옛날 젊은 시절 올랐던 마니산 트레킹도 이번 여행의 백미(白眉)였던 것 같다.

▎나의 최애(最愛), 홀로 여행…

포천 M 글램핑

주말을 쉬고, 또 혼자만의 여행을 나섰다. 이번엔 포천에서의 글램핑이다. 내가 가장 좋아하는 일, '홀로 여행'이다. 이즈음에서 아내에 대한 고마움을 지면(紙面)에서 표하는 것이 도리일 것 같다. 작년 퇴임 이후, 마음을 잡기 위해 떠난 홀로 여행…. 살면서 한 번도 느껴 보지 못한 희열을 느낀 것이 사실이다. 그동안 '내가 정말 좋아하는 게, 정말 하고 싶은 게 무엇일까?' 오랜 기간 고민해 온 그 답을 홀로 여행에서 비로소 찾게 되었던 것이다. 이후 틈만 나면 짧게라도 길을 떠나는데, 이것은 아내의 응원과 지지가 뒷받침되지 않으면 힘든 일이다. 내가 워낙 좋아하는 일이다 보니, 이제는 허락받는 과정도 자연스럽고 수월해진 것 같다. 이번 여행을 출발할 때도 약간의 반찬과 먹을 것을 챙겨 주는 세심함까지 보여 주었다. "여보~ 고마워~"

사실, 홀로 여행에서 나는 별다른 것을 하지 않는다. 맛있게 한 끼 한 끼 챙겨 먹는 것 이외에는 주로 생각을 정리하거나, 브런치 스토리 같은 글을 쓰는 데 대부분의 시간을 할애하는 편이다. 원래가 내향형인 데다 '관광'보다는 '진정한 쉼의 여행'을 추구하기 때문이다. 이렇게 나와서 쓰면 글도 술술 잘 써지는 것 같다. 자연 속에서 만들어진 '정서적 고조의 상태'에서 노트북 위 내 손가락은 마치 피아니스트가 건반 위 손가락을 쉴 새 없이 움직이는 모습과 흡사하다.

'행복이 별거 있나?'

▌이제 다시 힘을 내자…

목적지를 알 수는 없었지만, 삼십 년을 한 방향을 향해 달려온 기관차가 멈춰 섰던 작년 초…. 기관차에는 연료가 아직 충분했지만, 내가 아닌 다른 힘에 의해, 달리던 철길이 끊어져 그 달림을 멈춰야 했던 시간…. 참, 많이 힘들었던 것 같다.

다시 정신을 차리고, 새로운 도로를 찾아 자동차인 양 일 년 반을 또 달리던 나는, 얼마 전 드디어 연료가 떨어져 멈춰 섰었다. '번아웃….' 길지 않았지만, 자동차를 세우고 잠시 휴게소에서 쉬는 시간을 가진 것 같다. 그것도 내가 가장 좋아하는 시간으로 채워서.

이제 다시 힘이 나는 느낌이 든다. 그렇다, 이제는 '달림'도 '쉼'이라는 정류장을 반드시 거쳐야 한다는 평범한 진리를 뼈저리게 깨닫게 된 것이다.

'쉼, 여유, 그리고 전진….' 이제 내가 지켜 가야 할 인생 후반전의 모토(Motto)이다.

성찰을 돕는 책 2:
탈 벤 샤하르, 『해피어』

> 하버드는 학생들에게
> 행복을 가르친다

『해피어』

행복에 관한 수많은 책이 있지만, 이 책만큼 명료하고, 실용적이며, 성찰(省察)을 부르는 책은 드물다. 탈 벤 샤하르(Tal Ben-Shahar), 하버드대학교에서 '행복(Happiness)'이라는 수업을 개설해 수천 명의 학생이 몰려든 전설적인 강의를 진행한 인물이다. '아이비리그의 3대 강의*' 중 하나로 손꼽히는 그의 강의는 수업이 끝난 후에도 삶에 여운을 남긴다고 전해진다.

---

* 아이비리그 3대 강의: 하버드, 마이클 샌델 '정의(Justice)', 하버드, 탈 벤 샤하르 '행복(Happiness)', 예일, 셸리 케이건 '죽음(Death)'

그의 대표작인 『해피어(Happier)』는 우리가 일상에서 경험하는 다양한 감정과 욕망을 어떻게 바라보고, 정리하고, 받아들일 수 있는지 알려 주는 친절한 안내서이다. 그리고 이 책은 내게도 '지금 여기(Here and Now)'에서의 삶을 돌아보게 해 주는 성찰의 거울이 되었다.

우리는 왜 행복을 놓치고 있는가?

많은 사람은 행복을 미래의 어떤 시점에 위치시킨다. 마치 지금은 준비 단계일 뿐, 진짜 삶은 나중에 시작되는 것처럼….

탈 벤 샤하르는 인간의 행복 추구가 네 가지 유형으로 나뉜다고 말한다.

1. 쾌락주의자(Hedonist) – 당장의 즐거움만을 추구
2. 성취주의자(Rat Racer) – 현재를 희생하고 미래의 성공을 위해 사는 사람
3. 허무주의자(Nihilist) – 어떠한 기대도 희망도 없이 살아가는 상태
4. 행복추구자(Happier) – 현재의 의미와 미래의 목표 사이에서 균형을 찾는 삶

책을 읽으며 나 스스로가 '성취주의자'의 삶에 익숙해 있었다는 것을 깨달았다. '지금 참으면 언젠가 잘될 거야.'라는 마인드는 어쩌면 성실해 보이지만, 지금 이 순간을 등한시하는 삶이다. 탈 벤 샤하르는 이를 정면으로 비판하며, '행복은 결과가 아니라 과정(Process)'이라고 강조한다.

성찰을 위한 작은 실험들

탈 벤 샤하르는 이론뿐만 아니라 실천을 위한 구체적인 도구들도 제공한다. 그중 인상 깊었던 것은 다음의 세 가지 질문이다.

1. 무엇이 내게 기쁨(Joy)을 주는가?
2. 나는 언제 몰입(Flow)하는가?
3. 내가 잘하는 것은 무엇인가(Strength)?

이 세 가지가 겹치는 지점을 찾아내는 것이 곧 '의미 있는 삶(Meaningful Life)'의 시작점이라고 그는 말한다. 나는 이 질문을 노트에 적어 며칠 동안 써 보았다. 반복되는 일상 속에서도 나를 살아 있게 만드는 활동이 있었다. 글쓰기, 독서, 그리고 누군가와 깊이 있는 대화를 나눌 때. 이것이 내가 진짜 좋아하고, 몰입하며, 꽤 잘할 수 있는 것들이었다.

성찰은 거창할 필요가 없다. 조용한 새벽, 커피 한 잔, 그리고 이 책 한 권이면 충분했다.

『해피어』는 단순히 더 나은 기분을 만들기 위한 책이 아니다. 오히려 나를 직면(直面)하게 만든다. 내가 진짜 원하는 삶은 무엇인지, 지금 나의 감정은 어떤 신호를 보내고 있는지, 나는 왜 계속해서 바쁨이라는 이름 아래 감정을 외면하고 있는지….

삶을 바꾸는 것은 대단한 결심이 아니라, 작은 질문을 반복하는 일에서 시작된다. 매일 아침 "오늘 나는 어떻게 살고 싶은가?"를 묻는 것, 그것이 성찰이며, 행복의 시작이다.

『해피어』는 단순한 자기계발서가 아니다. 그것은 내면의 소리를 듣고, 삶의 속도를 줄이며, 스스로에게 더 진실해지는 방법을 알려 주는 책이다. 어쩌면 이 책의 가장 큰 미덕은 독자 스스로 자신의 삶에 대해 더 많은 질문을 던지게 만든다는 점일 것이다. 나 또한 이 책 덕분에 '더 나은 삶'이 아니라 '더 진실한 삶'을 꿈꾸게 된 것 같다.

3부

인생 후반전, 성찰의 힘으로 전진한다

세상의 모든 변화가 쉽지 않듯이, 우리가 삶에 임하는 자세를 변화시킨다는 것 또한 어려운 일이다. 그러나, 우리가 삶의 태도를 바꾼다는 것은 엄청난 고통이 수반되는 변화가 아니라, 우리가 살면서 잊어버리고 살아가고 있는 우리의 반쪽. 즉 내면의 존재를 찾아내는 일이다.

성찰 서른,
품위 있게 나이 든다는 것

○ ○ ○

▎품위 있게 나이 든다는 것…

'품위 있게 나이 든다는 것', 나이 오십을 넘어선 대부분의 사람이 한 번쯤 마음속에 떠올려 보았을 법한 말이다. 조금 더 욕심을 부려 본다면, '남은 삶과 인생을 이렇게 살고 싶다….'라는 로망과 희망을 함축적으로 대변하는 말일 것이다.

오십을 넘기며 비록 육체는 점점 본연의 건강함과 기능성을 잃어 가며 그 빛이 바래져 가고 있지만, 지난 삶과 인생을 돌아볼 줄 알면서 마음만큼은 그 어느 때보다도 둘러보고 내려다볼 줄 아는 여유와 태도가 자연스러워진 시기이기도 하다.

젊은 날의 열정은 다소 무모함이 있더라도, 이를 지혜롭게 극복해 내는 과정들이 모여 크고 작은 성공의 경험과 그 전리품들을 전해 주었다. 하지만, 생각해 보면 젊은 날의 열정은 그 이면에 늘 불안하고, 쫓기는 마음을 떨쳐 버릴 수 없게 만드는 소위 '부정의 신념들(Negative Inner Belief)'과 함께하지 않았던가?

오십이 훌쩍 넘은 지금… 이제는 불안하고, 쫓김의 신념들보다, 그동안 축적해 온 여유와 관망, 성찰의 힘을 기반으로 남은 시간을 어떻게 우아하고 당당하게 살아가야 하는지를 고민하고 있다. 그것이 설령, 그동안은 요원하게만 느꼈던 인간 수명의 한계, '죽음'이라는 거대한 벽에 나 자신이 한층 더 가까워졌음을 깨닫게 되면서 직면하는 '본능적 회피' 현상이라 할지라도, 사람으로 태어나 사람답게 살다 죽어야 할 그 위대한 숙제를 이제는 챙겨 봐야 할 시점이라는 점에서는 의미 있고 중요한 일이라 생각한다.

▌작가 김옥림, 『품위 있게 나이 든다는 것』

비슷한 시기의 사람들이 같은 문제에 대해 어떻게 생각하고 있는지를 들여다보는 일은 매우 흥미로운 일이다. 나의 생각을 바로잡아 보는 교정의 시간이기도 하고, 비슷한 생각으로부터 '정서적 유대감'을 느끼며 인생 후반의 외로움을 덜어 내는 일이기 때문이다.

최근 서점을 들렀다가 『품위 있게 나이 든다는 것』이라는 책 제목이 나의 두 눈에 바로 꽂혔다. 작가 김옥림 선생은 문예지에 시로 등단하신 후 약 30여 년간 문학 활동을 하시고, 저서를 약 50여 권 출간하신 분이다.

이 책에서 그가 말한 인상 깊은 문장들을 몇 개 추려 보았다.

> "나는 세상에서 가장 중요한 사람이다. 나는 나를 지킬 의무와 책임이 있다. 나는 행복한 나로 살아야 할 권리를 포기하지 않을 것이다."
>
> "혼자만의 공간은 반드시 필요한 자유의 공간이며 사유의 공간이다. 50대는 인생에 있어 가장 복잡한 시기이다. 그러다 보니 갖가지 스트레스로 인해 가장 복잡한 시기이다. 이럴 때 지친 마음과 육신을 평안히 함으로써 마음의 여유를 가져야 한다."
>
> "현자(賢者)는 현실을 정확히 보나, 범인(凡人)은 현실을 반대로 본다. 체면 역시 마찬가지다. 현자는 체면을 멀리하나, 범인은 체면에 매여 하고 싶은 일도 하지 못한다."
>
> "힘든 일도 인생의 손님이다."
>
> "생각은 녹슬지 않게, 몸은 삐걱거리지 않게"

작가는 자신의 문학적 통찰과 삶의 경험을 바탕으로, 중장년 이후의 삶을 정리하고, 성장하고, 더 깊어지는 방향으로 안내를 하고 있다.

자기 연민을 넘어서: 자기 자신을 격려하며 살아야 하며, 나이 듦의 고통 속에서도 스스로를 믿는 힘이 중요하다.

고독을 받아들이는 지혜: 고독은 피할 대상이 아니라, 내면을 돌보는 기회로 삼아야 한다.

타인과의 관계 정리: **불필요한 인간관계는 줄이고, 관계의 질을 높이는 것**이 중요하다.

몸과 마음을 돌보는 습관: 운동, 명상, 정리정돈 등 일상의 습관이 삶의 품격을 만든다.

죽음에 대한 준비: 죽음을 준비하면 오히려 삶이 더욱 단단하고 풍요로워진다.

나에게 죽음에 대한 준비라는 말은 아직 솔직하게 다가오지 않으나, 자신을 더욱 사랑하고, 외로움을 이겨 나가야 하며, 타인과의 관계를 정리하고, 몸과 마음을 돌보는 습관을 가지라고 하는 이야기는 마음에 그대로 와닿는 이야기인 것 같다. 이미 많은 부분 실천하며 살고 있기도 하다.

내면의 힘, 내면의 존재로 살기

최근 리더십과 코칭 분야에서 트렌디한 화두 중 하나가 '감성지능(EI: Emotional Intelligence)'이다. AI와 VUCA(Volatile, Uncertain, Complex, Ambiguous)의 시대에 살고 있는 리더들과 우리는 우선, 자신의 감정을 이해할 줄 알고, 나아가 타인, 그리고 공동체의 감정의 역동을 이해하고, 이를 균형 잡는 능력이 어느 때보다도 필요하다. 결국, AI의 사각지대에서 사람의 마음을 읽어내고, 이를 움직일 수 있어야 한다는 것이다.

이러한 감성지능에 숙련이 된다는 것은 결국 '사람(Human Being)'을 구성하고 있는 두 가지 존재, 'Human(Physical 존재, 겉사람)'과 'Being(Spiritual 존재, 속사람)'이 잘 융합되고, 항상 Being이 전면에 나서 개인의 삶과 공동체의 조화를 이끌고 나감을 의미한다.

모든 인간에게는 이러한 위대한 힘을 가진 존재, Being이 존재한다. 단지, Huma에 묻혀 그 존재를 모르고 살아갈 뿐이다.

이제 나이 들어 품위 있게 살기 위해서는 누구나 자신의 내면에 숨어 있는 '내면의 존재'를 전면에 내세워 당당하면서도 품위가 있는 삶을 살아가야 하는 일이 중요하다. 그러한 내면의 존재가 나의 삶의 전면에 나서는 시간이 바로 '성찰'이다.

성찰 서른하나,
모닥불 같은 인생

▎모닥불 피워 놓고 마주 앉아서…

> 모닥불 피워 놓고 마주 앉아서
> 우리들의 이야기는 끝이 없어라
>
> 인생은 연기 속에 재를 남기고
> 말없이 사라지는 모닥불 같은 것
>
> 타다가 꺼지는 그 순간까지
> 우리들의 이야기는 끝이 없어라
>
> 타다가 꺼지는 그 순간까지
> 우리들의 이야기는
>
> 끝이 없어라

어릴 적 캠프파이어에서 빠짐없이 흘러나오던 노래다. 1970년대를 풍미했던 통기타 가수이며, 음유시인으로 불렸던 박인희 씨의 「모닥불」이다. 초등학교 교과서에도 수록되고 지금도 남녀노소 흥얼거리는 「섬집 아기」의 가수이기도 하다. "엄마가 섬 그늘에 굴 따러 가면 아기는 혼자 남아 집을 보다가…."

대중음악에 깊은 지식은 없지만, 그래도 노래를 사랑하고 들어 온 경력이 짧지 않아 대중음악의 가사에 당대의 시대적 감성이 녹아 있다는 정도는 알고 있다. 나는 어릴 때 할머니와 한방을 쓰면서 흑백 TV를 일상에서 끼고 살았다. 그래서인지 1970년대 후반부터 1980년대 초반까지의 노래들을 많이 알기도 하고, 40년이 지난 지금도 가사를 정확히 기억하는 노래가 많다. 어린아이가 당시 성인들의 감성을 흠뻑 느끼면서 자란 것이다.

이 당시 노래들은 한결같이 노랫말이 주옥같이 아름답다. 한 편의 시라해도 과언이 아닐 만큼 아름다운 가사로 쓰인 노래들이 많았다. "인생은 연기 속에 재를 남기고 말없이 사라지는 모닥불 같은 것…." 우리의 인생을 어떻게 이 한 줄의 표현으로 압축해 낼 수 있었을까?

젊음: 부족함이 있었지만, 뜨거웠던 열정

오늘 교외로 홀로 여행을 떠나 '불멍' 시간을 가져 보았다. 화덕 안에 장작을 지그재그로 얹고, 불을 피워 봤지만 계속 실패를 했다. 비가 왔던 탓이라 그런지 장작에 불이 잘 붙지 않는 듯했다. 장작의 위치를 바꿔 보기도 하고, 토치의 불꽃 세기를 조절해 보기도 하고….

문득 사춘기를 거쳐 20대 초반까지의 우리의 모습이 떠올랐다. 방황도 해 보고, 아파도 해 보고, 모든 것이 서툴기만 했던 그 시절 우리의 모습과도 흡사한 느낌이 들었다.

'지성이면 감천'이라 드디어 불이 붙었다. 불이 잘 붙는 참나무 장작이라 그런지 한번 불이 붙으니 금방 불길이 솟아올랐다. 불똥이 튀고, 그 열기에 조금씩 의자를 뒤로 물리기도 했다. 솟아오르는 불길이 멋지다는 느낌이 들었다. 그 안에 들어가면 세상 모든 것을 다 태워 버릴 듯이 활활 타올랐다.

20대 후반에 시작한 나의 사회생활은 거침없이 달려가는 기관차였고, 활활 타오르는 장작불과도 같았다. 사회생활 3년 차에 찾아온 IMF 위기부터 시작해 온갖 굴곡진 시간들을 보내면서도 늘 씩씩했고, 한결같이 열정적이었다. 일하느라 밤을 하얗게 지새운 날도 많았다.

하지만 너무나도 뜨겁게 타오르는 장작불이 그 어떤 것도 품어 내지 못하고 다 태워 버리듯, 나의 뜨거운 열정의 시기는 여유와 관용, 공감과 배려가 부족한 부끄러운 시간들의 연속이었던 것 같다.

▍현재: 은은한 뜨거움과 온기를

'불멍'의 하이라이트, 고구마를 은박지에 싸서 굽는 시간이다. 불꽃이 뜨거울 때 고구마를 밀어 넣어 놓았지만, 계속 활활 타오르는 불꽃은 고구마를 제대로 익혀 내지 못하고 태워 버린다. 불길이 대충 잦아들고, 예쁜 불씨가 살아 있는 후반부가 고구마를 맛있게 익혀 주는 시간인 것이다.

이제는 나의 인생에서도 웬만한 모든 것을 품어 낼 수 있는 여유가 생겼다. 불씨는 여전히 살아 있기 때문에 차갑게 변질시키는 것이 아니라, 속에 간직한 은은한 뜨거움과 온기로 사람도, 일도 있는 그대로를 품어 낼 수 있게 된 것이다.

돌아보면, 지난날의 뜨거운 열정도 아름다웠던 것 같다. 하지만, 이제 은은한 불씨로 따뜻한 온기를 품고 있는 지금이 더 좋은 것 같다. 오랫동안 소중한 불씨를 꺼지지 않고 잘 유지할 수 있도록 열심히 살아야 할 것 같다.

성찰 서른둘,
만일 내가 인생을 다시 산다면

▌불행은 '새로운 시작'일 수 있다…

> 얼마 전 누군가 내게 물었다. (중략) 죽을 때까지 의사로 살고 싶다던 꿈을 병 때문에 포기하게 되어 속상하지 않느냐고. (중략) 돌이켜 보면 후회되는 게 왜 없겠는가. 그렇지만 살아가는 데 있어 걱정이 별 도움이 안 되듯이, 후회 또한 별 도움이 안 되긴 마찬가지다. 그럼에도 한 가지 후회하는 게 있다면 인생을 너무 숙제처럼 해치우듯 살았다는 것이다. 의사로, 엄마로, 아내로, 며느리로, 딸로 살면서 나는 늘 의무와 책임감에 치여 어떻게든 그 모든 역할을 잘해 내려 애썼다. (중략) 그래서 이제는 그러지 않으려고 한다. 무엇이든 다 잘해 내려는 욕심을 내려놓고, 방치해 두었던 나 자신을 챙기며 살기로 결심한 것이다.
>
> – 김혜남, 『만일 내가 인생을 다시 산다면』 中

'만일 내가 인생을 다시 산다면….'

국내 여성 독자들에게 꽤나 많이 읽힌 책이다. 수십만 부가 팔린 베스트셀러이다. 이 책의 작가 김혜남. 그녀는 원래 정신과 의사이다. 고려대 의과대학을 졸업하고, 국립정신건강센터(舊 국립서울정신병원)에서 정신 분석 전문의로 일했다. 이후 인제대, 경희대, 성균관대 의대에서 외래 교수를 역임하였고, '김혜남 신경정신과의원'을 개원하여 운영하였다.

결혼 후, 공부와 일을 병행하는 와중에도 시부모님을 모시고 살았다고 한다. 두 아이의 엄마이기도 했다. 일일이 설명하지 않아도 그 억척같았던 시간을 충분히 느낄 수 있었다. 그 인고(忍苦)의 시간을 거쳐 마침내 개원(開院)하였으나, 얼마 되지 않아 43세의 나이에 '파킨슨병'을 진단받고 투병을 시작하였다.

파킨슨병은 알려진 대로 완치가 되지 않는 '진행성 질환'으로 점점 운동 기능을 상실하는 병이다. 발병 이전 몇 권의 책을 발간하긴 했지만, 이 책 『만일 내가 인생을 다시 산다면』은 투병의 시간이 찾아오지 않았다면 세상에 나오지 않았을 수도 있었던 책이다. 점점 운동 기능을 잃어 가고, 굳어 가는 팔다리지만 약 복용과 쉼을 반복하며 처절하게 써 내려간 책이다.

파킨슨병은 약물 치료, 운동 치료 外 심리적 지지가 중요하다고 한다. 김혜남 작가는 책을 쓰면서, 자신에게 찾아온 불행을 '새로운 시작'으로 의미를 만들어 낸 것이다. 지금도 지속적으로 집필과 출간을 하고 있다.

그녀가 제안하는 귀중한 가르침…

1. 인생을 과제처럼 살지 말자

성취와 완벽을 추구하며 '해야만 하는 삶'을 살아온 저자는 병을 통해 비로소, 삶의 속도를 줄이고, 지금 이 순간을 음미하는 삶의 가치를 알게 되었다.

나의 삶을 되돌아보게 만든다. 컬럼비아대학교 토리 히긴스 교수의 세 가지 자아 중 '당위적 자아', 나의 지난 인생은 '해야만 하는 일'들로 가득 차고도 넘친 시간들의 연속이었다. 자식으로서, 남편으로서, 아버지로서, 조직의 구성원으로서, 조직의 리더로서… 늘 에너지가 넘치긴 했지만, 사람의 몸인지라 42세의 나이에 갑상샘암 진단을 받고, 수술 후 5년간 치료를 받는 인생의 훈장도 달았었다. 하지만, 불안한 것은 지금 현재도 나의 삶이 과제의 연속선상에 놓여 있는 것처럼 진행이 되고 있다는 사실이다.

2. 놓아야 비로소 보이는 것들

인간관계, 일, 욕망… 모든 것이 다 소중하지만, 집착은 삶을 무겁게 만든다는 깨달음을 전한다.

첫째 아이가 어릴 적이다. 월급이 적지 않음에도, 우리 씀씀이가 결코 헤픔이 없음에도, 늘 빠듯한 한 달 살림살이를 보면서 그렇게 생각하곤 했었다. '월급에 0 하나만 더 붙으면 소원이 없을 텐데….' 훗날 임원 시절, 제법 큰돈을 월급으로 받으면서는 어땠을까? 세월이 지난 만큼 씀씀이의 필요처가 더욱 많아지고 커져서 실제로는 옛날 기억 때와 비교하여 별로 달라진 것이 없었다. 역시 물질적 충족은 끝이 없는 '밑 빠진 독에 물 붓기'와 같은 것이다. 최근에도 학원비를 엄청 쓰는데도 둘째 아이 성적이 신통치 않을 때면 아내는 혼잣말로 그런다. "그냥 즐기면서 살자~"

3. 후회 없는 삶을 살기 위한 다짐들

'만일 내가 인생을 다시 산다면'이라는 가정 아래, 지금 우리에게 필요한 삶의 태도와 마음가짐을 구체적으로 제안한다.

'나는 지금 내 삶에 얼마나 충실하고 있을까?', '지금 이 순간은 다시 돌아올 수 없을 텐데 얼마나 후회 없이 보내고 있을까?' 생각해 보니 부끄럽고 얼굴이 뜨거워진다. '천년만년 살 것 같은 생각으로 지금 이 순간을 그냥 흘려보내고 있지는 않을까?', '아직 뜨거운 맛을 보지 않아서 너무 안일하게 살고 있지는 않을까?' 정말 진심으로 곱씹어 볼 필요가 느껴지는 것 같다.

내일 지구가 멸망하더라도, 나는 오늘 한 그루의 사과나무를 심겠다

철학자 스피노자(Baruch Spinoza, 1632~1677)가 한 말로 알려진 "내일 지구가 멸망하더라도, 나는 오늘 한 그루의 사과나무를 심겠다."라는 말이 이 대목에서 떠오른다. 스피노자가 한 말이라는 정확한 출처는 없다고 알려져 있으나, 어쨌든 그의 사상과 일맥상통하기 때문에 그가 한 말이라고 알려져 있다고 한다. 그는 이 말을 통해 "현재의 불확실성과 무상함 앞에서도 현재의 삶을 이성적으로 충실히 살아가야 한다."라는 가르침을 전해 준다.

작가 김혜남과 스피노자의 동일한 가르침 속에서 오늘 나는 문득, 앞으로의 삶을 어떻게 살아야 할지를 깊이 성찰하는 시간을 가져 본다.

성찰 서른셋,
삶의 향기

○ ● ○

▍아침을 여는 향기

언젠가부터 아침에 갓 구운 크루아상의 버터 향과 부드러운 커피 한 잔의 원두 향은 나의 도파민을 극대로 분출시키는 '행복의 향기'가 된 것 같다. 아침을 시작하면서 오감(五感) 중 특히, 후각을 통해 느끼는 행복은 나머지 감각이 가져다주는 행복의 총합을 단연코 넘어서는 것 같다.

아침에 눈을 뜬 뒤, 처음으로 화장실 문을 열었을 때, 밤새 머금고 있던 디퓨저의 은은한 향은 나의 몸에서 아침잠의 부스러기들을 말끔히 털어내 주기에 충분한 것 같다.

때마침 같이 눈을 떠, 잘 잤냐는 가벼운 인사와 함께 나누는, 부드러운 포옹에서 느끼는 아내의 향기는 하루의 안정감을 채우기에 차고도 넘친다.

향기로 하는 기억이 가장 강력하다

일상에서 우리 주변의 반려동물들이 유난히 후각이 예민하다는 사실에는 익숙하지만, 실상 우리 사람들의 후각도 오감 중 가장 예민하며, 실로 그 능력이 대단하다는 사실은 잘 모르고 살고 있다. 진화론적으로 모두 위험으로부터의 생존과 안전을 위해 자연스럽게 발달한 것이다.

2014년의 한 연구 논문(Humans can Discriminate more than one Trillion Olfactory Stimuli, C. Bushdid)에 따르면, 인간의 후각은 약 1조 가지 이상의 다른 냄새를 인지할 수 있다고 한다. 물론, 다르다고 인지는 하지만, 그것들이 구체적으로 어떤 냄새들인지는 정확하게 표현하지 못한다고 한다.

또, 2004년의 한 연구(시각, 청각, 후각, 언어 자극과 기억의 연결 강도 조사, Rachel S. Herz)에 따르면, 후각과 관련된 기억은 언어, 시각, 청각에 비하여 정서, 환기, 명확성, 구체성 모든 영역에서 더 강력한 기억으로 작용한다고 한다.

삶의 향기

'프루스트 현상(Proust Phenomenon)'이 있다. 특정 냄새나 감각 자극이 과거의 기억과 감정을 강하게 되살리는 현상을 말한다. 이는 프랑스 소설가 마르셀 프루스트(Marcel Proust)의 소설 『잃어버린 시간을 찾아서』에서 주인공이 마들렌의 향기를 통해 어릴 적 기억으로 연결되는 내용에서 유래된 말이다.

국내 커피 회사가 만드는 격월간 잡지가 있다. 제목이 『삶의 향기』이다.

커피를 색다르게 마시는 법도 있고, 고전에 대한 해설도 있으며, 독자들의 에세이도 실려 있다. 독자들의 에세이는 우리의 시간을 되돌리는 효과가 있다. 그 속에 나오는 이야기들의 시간으로 여행을 떠나는 것이다.

민원기 작가의 『삶의 향기 바람을 타고』에 나오는 「서시(序詩)」이다.

> **서시**(序詩)
>
> 삶의 향기 바람을 타고
>
> 아침 햇살이 창문을 두드리고
> 마음에도 따뜻한 빛 스며드네요.
> 새들의 지저귐 공기 속 수놓는
> 자연의 아름다움 나를 미소 짓게 해요.
>
> 손안에 쥔 커피잔의 여유로움
> 향긋한 향 기분 출렁이게 만들고
> 사랑하는 이와 미소 속 함께한 시간은
> 달콤한 향기로 기억되겠죠.
>
> 노을빛 물든 산자락 바라보며 산책하면
> 하루의 피로가 사라지는 것 같아요.
> 밤하늘 별들은 내게 속삭이고
> 평온한 밤 아름답게 물들어 가요.

> 삶은 아름다운 향기로 가득 차
> 작은 일상에서도 피어나는 기쁨
> 행복을 찾을 수 있어요.
>
> 매 순간
> 소중히 여기며 살아가리라
> 다짐하면서 오늘도 미소 지어 보아요.
>
> 삶의 향기가 바람에 실려 오네요.

나의 삶은 어떤 향일까? 나의 삶의 향기는 어떠할까?

나의 주변 사람이 나의 곁에 다가왔을 때, 나의 삶의 울타리에 발을 디딜 때 나로부터 맡게 되는 나의 향기, 나의 삶의 향기는 어떠할까?

임서현 작가의 「삶의 향기」이다.

> ### 삶의 향기
>
> 삶은 찻잎처럼 스스로를 던져
> 뜨거운 물결 속에서 향기를 피운다.
>
> 고요한 찻잔 위에 내려앉은
> 그윽한 향기 하나,

지나온 날들의 흔적이 되고
다가올 날들의 위로가 된다.

한 잔의 차를 마시며
나는 비로소 알게 된다.
아픔도 기쁨도 모두 스며들어
진한 향으로 익어간다는 것을.

삶이란 결국,
시간의 뜨거움을 품고서 피어나는
한 잔의 향기일 뿐,

그 향기를 함께 나눌 수 있다면
그것만으로도 충분하다.

오늘도 나는 차를 따른다.
삶의 향기를 조용히 들이키며,
내 안의 고요한 꽃 한 송이 피워낸다.

우리에게 남은 시간….

이제 은은한 하나의 향으로 남을 수 있는 아름답고 소중한 기억들을 만들어 가야 할 시간이다.

성찰 서른넷,
행복을 위해 Simple해지자!

○ ● ○

▎ 꼬리에 꼬리를 무는 생각들…

직장에서 일어난 일, 가정에서 일어난 일, 친구나 사회적 관계에서 일어난 일들로 인해 누구나 한 번씩은 경험해 본 적이 있는 현상이다. 나의 경우에도 그러하였듯이, 대부분 좋은 일보다는 잘 풀리지 않는 일들에 직면해 있는 경우 이 현상이 발생하는 것 같다. 돌이켜 보면, 현직에 있을 때 CEO 보고를 앞두고 있는 경우, 나의 보고 멘트와 CEO의 질문 및 답변으로 이루어진 '가상의 티키타카'가 밤새 나의 머리를 맴돌면서 잠을 못 이루고 뒤척거린 기억들이 적지 않다.

나의 경우에는 이런 중요한 일이 아닌 경우에도, MBTI가 ISTJ(가끔은 ISFJ) 성향을 보이다 보니, 어떤 일을 대하면 그 계획과 계획의 시나리오하에 일어날 일들을 어떻게 처리할 것인가라는 생각들이 끊임없이 머릿속에서 요동을 치곤 한다. '파워 J'인 것이다.

특히 최근처럼 퇴직 후, 완전히 새로운 세상에서 새로운 일로 미래를 만들어 가고 있는 시간 속에서 나의 이런 성향은 극도로 왕성한 활동력을 보여주고 있다. '몇 살까지 더 일을 하고, 연금은 언제부터 받고, 애들은 언제 독립시키고….' 나의 머릿속에 들어 있는 생각의 덤불에서 아주 작은 한 단면만을 잘라내 본 것이 이 정도이다.

그래서인지… 지난 시간 찾아왔던 '번아웃 증후군'도 핵심 원인이 나에게 있다는 사실이 쉽게 증명된다.

나는 왜 생각이 많을까?

대학원 수업이나 여러 책을 접하면서 이 문제에 대한 어느 정도의 답을 찾을 수 있었다.

그것은 바로 '불안함'이다.

모든 사람은 누구나 '불안'과 '부정 편향성'을 가지고 태어나기 때문에 자연스럽게 생각이 많아지고, 그 후유증으로 찾아오는 무력감에 의해 실행력이 낮아진다고 한다. 이 부정 편향성은 원래 진화론적 관점에서, 생존을 위해 위험을 감지하는 인간의 본능에서 비롯된 것이기 때문에 자연스러운 기질이지만, 사람에 따라 발현되는 정도는 차이가 날 수 있다고 한다. 소위 성공한 사람들의 경우, 이 불안을 어느 정도 다스릴 줄 아는 힘을 길러 가지고 있다.

최근 기업 경영에서는 'VUCA(Volatile, Uncertain, Complex, Ambiguous)'라는 용어를 자주 사용하고 있다. 모든 환경이 빠르고, 불확실하며, 복잡하고, 모호하다는 것이다. 그렇기에 늘 새로운 도전을 위해 잠재되어 있는 위험(Risk)을 찾아내고, 분석하는 것에 공을 많이 들이고 있다. 이런 관성이 나에게 깊숙이 자리 잡고 있는 탓에 늘 무언가를 도전하려고 할 때, 실패 요인과 실패의 경우에 대한 대처 방안을 자연스럽게 상정하고 분석하다 보니, 실제 실행으로 이어지는 데 상당한 시간이 걸리는 일이 흔하다. 그래서 부동산 투자는 아내에게 일임한 지 오래된 일이기도 하다. 하물며, 나의 남은 인생을 대상으로 무언가 결정을 하는 일들을 반복해서 하고 있는 지금은 오죽할까?

하지만, 재미있다고 해야 할까? 아니면 충격적이라고 표현해야 할까? 미국 펜실베이니아주립대의 실험에서 보여 주고 있는 결과에 따르면, "사람들이 하는 걱정의 79%는 결국 현실화되지 않았고, 나머지의 대부분(16%)도 미리 대비하면 충분히 대처 가능한 일들이었다."라고 한다. 다시 말하면, 정작 우리가 노심초사 시간을 보내는 일들 중 5% 남짓만이 현실에서 실제 문제를 일으킨다는 것이다. 더욱이 일정 시간이 흐르고 나면, 그때 그런 걱정을 했었다는 사실조차 잊어버린다고 하니, 우리가 평소에 얼마나 불필요한 '불안의 과대 인지'에 시간과 에너지를 쏟고 있는지 안타까움이 느껴진다.

정신건강의학 전문의 김병수 박사는 저서 『아픈 줄도 모르고 살아가는 요즘 어른들을 위한 마음공부』에서 우리의 이러한 불안함이 깊어지면 '3대 마음의 독소(毒素)'인 '스트레스, 번아웃, 우울증'으로 연결된다고 하였다.

Think Simply!

훗타 슈고는 일본 메이지대학교 법학부 교수이자 언어학 박사이다. 그는 언어학, 심리학, 뇌과학을 융합한 연구를 통해 학계의 주목을 받고 있으며, TV 프로그램의 전문가 패널로도 활약하며 대중과 소통하고 있다. 그는 '머릿속의 스위치를 끄고 싶을 때 보는 쉽고 간단한 뇌과학 이야기'라는 부제를 가진 『나는 왜 생각이 많을까?』에서 생각이 너무 많아서 스스로도 지친 적이 있는 사람들에게 심리 처방전을 제시하고 있다. 그는 책에서 뇌과학적 근거에 의해 짧게 생각하고 빠르게 행동하는 45가지의 단순 사고법을 공개하고 있다.

이 책이 특별한 이유는, 단순히 이론을 나열하기보다 누구나 한 번쯤 해봤을 법한 심리적 경험과 사례들을 통해 깨달음을 준다는 점이다.

1. 대부분의 걱정은 현실로 일어나지 않는다

우리는 습관처럼 최악의 시나리오를 떠올리며 끊임없이 걱정하지만, 연구에 따르면 걱정거리의 90% 이상은 실제로 벌어지지 않는다고 한다. "지금의 불안은 1년 후엔 기억조차 못 한다."라는 책 어느 곳의 한 구절처럼, 지금 머리를 싸매고 걱정하는 고민도 시간이 지나면 스르르 희미해질 가능성이 크다. 이러한 간단한 사실을 깨닫는 것만으로도 우리는 현재의 불안을 과감하게 내려놓을 용기를 얻게 된다. 생각해 보면 불과 몇 달 전 내가 무엇 때문에 밤잠을 설쳤는지조차 기억나지 않는 경우가 많지 않은가?

2. 불안을 없애려 하기보다 받아들이고 행동하라

저자는 인간이 애초에 불안이라는 감정을 진화적으로 획득하였으며, 불안 자체는 우리를 지키기 위한 본능이라고 설명하고 있다. 그러니 '불안해하지 말아야지.' 하고 애써 억누르는 대신 '불안과 더불어 살아가야지.'라고 생각하는 발상의 전환이 필요하다고 조언한다. 그는 또 불안을 느낄 때 오히려 작은 행동이라도 시작해 볼 것을 권장하고 있다. 결국, 불안을 떨치는 가장 좋은 방법은 머릿속 걱정을 실제 행동으로 전환하는 것이라고 한다.

예컨대, 걱정되는 일이 있다면 그 결과를 미리 두려워하며 망설일 것이 아니라, 할 수 있는 한의 대비책을 세우고 바로 실천해 보라는 것이다. 생각만 붙들고 있을 때는 막막하던 일도 몸을 움직이는 순간 '의욕의 스위치'가 켜져 집중력이 생기고, 행동을 통해서만 비로소 불안이 줄어든다는 사실을 책은 거듭 강조하고 있다.

3. 결정은 미루기보다 '일단 해 보는' 쪽이 낫다

생각이 많은 사람들은 사소한 선택에서도 머뭇거리며 시간을 끌기 쉽다. '이걸 하면 어떡하지? 안 하면 또 어떡하지?' 끝없는 고민에 빠져 정작 아무 결정도 못 내린 채 스트레스만 커져 가는 경험, 누구나 한 번쯤 해 봤을 것이다. 저자는 과감한 조언을 던진다. "결단을 내려야 하는 문제는 어떻게 결정할지가 아니라 '결정할 수 있는지'가 중요하다. 어떤 것이든 하겠다고 결정하든, 하지 않겠다고 결정하든, 일단 결정할 마음을 먹는 것이 결국 인생의 만족도를 크게 좌우한다."라고. 차라리 '에라, 모르겠다!' 하며 일단 부딪쳐

볼 용기를 내어 보는 것이 어떨까?

4. 부정적인 생각의 늪에서 빠져나오는 법

생각이 많아지면 대개 걱정, 불안, 자기비판 같은 부정적 생각으로 빠져들기 쉽다. 이때 흔히 하는 실수가 '안 돼, 이러면 안 돼…. 좀 더 긍정적으로 생각해야지!' 하고 애써 태도를 바꾸려 하는 것이다. 그러나 저자는 이런 억지 긍정이 오히려 역효과를 부를 수 있다고 경고하고 있다. 이미 마음에 부정적 감정의 불씨가 피어올랐다면, 이를 덮어 두려고 할수록 우리의 뇌는 더욱 혼란에 빠져 버린다는 것이다. 이 책에서는 차라리 한 걸음 물러나 제3자의 시선으로 자기감정을 관찰해 보라고 제안한다. 예컨대, 마음속으로 '아, 지금 내가 꽤 부정적인 생각을 하고 있구나….' 하고 있는 그대로 묘사해 본 뒤, 슬쩍 생각의 방향을 다른 곳으로 돌려 보라는 것이다.

실제 최근 내가 하고 있는 코칭에서 많은 고객이 자신이 만들어 놓은 부정적 신념이나 생각의 덩어리들에 붙잡혀 원하는 행동을 하지 못하고 있는 경우를 자주 접하게 된다. 이를 코칭에서는 '셀프 사보타지' 또는 '사보투어'라고 하는데, 우리 대부분은 경험을 통해 축적된 부정의 신념들을 가지고 있으며, 이로 인해 원하는 방향으로 행동을 하는 데 제약을 받고 있는 것이 흔한 일상을 살고 있다. 이 경우, 여러 가지 기법을 활용하여 고객 스스로가 자신의 부정적 감정들을 직면하게 하고, 제3자의 관점으로 객관화시키면서 빠져나오게 하는 흐름으로 코칭을 진행하게 된다. 실전에서 생각보다 효과가 크다는 것을 자주 경험하고 있기도 하다.

▎ 때로는 생각의 스위치를 과감히 꺼둘 줄 아는 지혜

서울시에서는 해마다 '멍때리기 대회'를 개최하고 있다. 서울시청 앞 잔디밭 광장에서 개최해 오다 작년에는 한강 변에서 대회를 개최하기도 했다. 사실 몇 년 전, 이 기사를 접했을 때 나는 '이게 뭐 하는 거지?'라는 의문을 가졌던 것이 사실이다. 하지만, 이제는 알 것 같다. 얼마나 위대한 행위를 겨루는 대회인지를….

"현명한 사람일수록 생각을 많이 하지 않는다."라는 말처럼 우리에게 삶의 균형을 위해, 행복을 위해, 때로는 생각의 스위치를 과감히 꺼둘 줄 아는 지혜가 필요하다. '생각 멈추기'란 나태함이나 포기를 뜻하는 게 아니라, 정작 소중한 것을 놓치지 않기 위한 용기 있는 선택임을 깨달을 필요가 있는 것 같다.

성찰 서른다섯,
현재(現在)를 사랑하라

▎특별할 게 없는 어른…

요즘 아침, 저녁으로 지하철을 이용하여 퇴임 임원 사무실에 나가고 있다. 아직은 회사에서 제공해 준 차량이 있긴 하지만, 작년부터 대중교통을 이용하는 것이 얼마나 편리하고 좋은지를 깨달았기 때문이기도 하고, 더 솔직하게는 사무실이 있는 건물의 지하 주차장 입구가 너무나도 어려운 난코스인 탓에, 매일 오르내릴 자신이 없어 차를 놔두고 간다.

오늘 아침 지하철을 기다리는 동안 우연히 보게 된 보호벽 유리에서 '2024년 지하철 공모작'의 당선작인 시 한 편이 눈에 들어왔다.

성년

최성경(2024 시민공모작)

버스에 오른 순간 띡
지하철 환승할 때 띡
성인이 되었다는 증표인데
왜 마음은 허전할까

두 음절이 듣고 싶어
띡 하나뿐인 소리는 너무 외로운걸

띠디딕- 어린이입니다
띠딕- 청소년입니다
띡-

그래 나는 이제
특별할 게 없는 어른이야

'나는 특별할 게 없는 어른이야', 마지막 구절은 짧은 순간 내 마음 깊숙이 훅~ 꽂히는 느낌이었다. '특별할 게 없는', 어쩌면 '지금의 나를 훔쳐보고 말하는 것 아닌가?' 하는 생각에 순간 몸을 숨기고 싶은 부끄러움이 짧은 시간이지만 나를 엄습해 왔던 것 같다. 아직도 많은 회사의 동료나 후배들은 '무슨 무슨 임원, 실장, 본부장, 부사장…' 듣기에도 화려해 보이는 수식어를 이름 앞에 붙이고 멋있게 사는 것 같은데, 나는 백팩 하나를 메고, 이마의 땀을 손으로 닦으며, 지하철을 기다리고 있다 생각하니 그 마지막 구절이 마음에 꽂혀 버리는 느낌을 지울 수가 없었던 것이다.

현재(現在)의 중요성

하지만, 나는 지금 현재의 생활 속에서 많은 즐거움을 누리고 있고, 나름 행복해하고 있는 것이 사실이다. 모든 일을 대부분 평일에 할 수 있는 시간적 자유, 훨씬 늘어난 가족들과의 시간, 전쟁 같은 회사의 하루하루 일상을 벗어나 많은 부분 내가 통제권을 가지고 있는 일들, 좋아하는 일을 찾으면 언제든 할 수 있는 정신적 여유… 이루 말로 다 할 수 없이 많은 것이 사실이다.

그러나, 한 번씩 찾아오는 과거의 영광스러운 시간들에 대한 기억이 현재의 나의 모습에 투영될 때쯤이면 조금은 위축되고, 작아지는 느낌을 지울 수가 없다. 아울러, 열심히 준비하고는 있지만, 앞으로 남은 시간에 어떤 모습으로 살아갈지 확실하지 않은 희미한 미래가 엄습해 올 때는 불안한 마음도 드는 것이 사실이다.

"왜 이처럼 인간은 늘 이런 불만을 떨쳐 버리지 못하고 사는 것일까?"

생각해 보면, 과거 그 어느 때도 당시의 모습에 만족해하며 살았다는 기억은 나지 않는다. 그리고 보면 단 한 번도 당시의 현재를 만족해하며 산 기억이 없다는 결론에 도달하게 되는 것 같다.

켄 윌버를 만나다…

대학원 수업 시간에 듣게 된 켄 윌버, 그는 미국의 철학자이자 심리학자, 영성 이론가이다. 그의 대표적 업적은 '통합 이론(Integral Theory)'으로 불리며, 심리학·철학·과학·종교 등 다양한 지식을 하나로 통합하려는 포괄적인 메타이론의 연구자로 널리 알려져 있기도 하다.

"과거는 현재의 기억 속에 있고, 미래는 현재의 기대 속에 있다. 과거와 미래 어느 것도 실체가 없으며, 오직 현재만이 영원하다…."

어떻게 이런 말을 할 수가 있을까? 얼마나 많은 연구와 고민을 하고, 그 정리된 생각을 이렇게 멋지게 정제된 표현으로 해낼 수가 있을까?

그렇다. 생각해 보면 항상 '생각'이라는 행위를 하고 있는 당시에는 '현재'만이 존재할 뿐이다. 현재 속에서 과거도 떠올리게 되고, 미래도 예측해 볼 뿐인 것이다. 개인적으로 가장 좋아하는 '게슈탈트 코칭*'에서도 늘 고객의 문제를 '지금-여기(Here and now)'로 가져와서 치유를 한다.

---

* 게슈탈트는 모양, 패턴, 형태, 전체 등을 뜻하는 독일어입니다. 즉, 개별 요소 하나하나보다, 그것들이 모여진 전체 구조, 패턴이 더 중요하게 인지된다는 심리학 관점입니다. 예를 들면, 우리가 사람을 볼 때 눈, 코, 입 하나하나 보지 않고, 전체 얼굴로 인지하는 것과 같습니다.
게슈탈트 코칭이란, 고객이 인지하지 못했던 전체 맥락, 패턴을 '지금-여기'에서 알아차리도록 도움으로써 새로운 선택과 변화, 자신에 대한 수용과 존중을 이끄는 접근을 말합니다. (중략)

출처: 네이버(게슈탈트 코칭이란?, 함께 꿈꾸는 별코치)

과거는 지나갔다. 미래는 아직 오지 않았다. 나는 지금 현재 속에 있다. 이제 Simple하게 생각해야겠다. 지금 현재의 의미를 마음 깊이 새기며 모자람 없이 충실하게 살겠노라고….

성찰 서른여섯,
애쓰지 않고도 당당하게 살아가기

○ ● ○

▎우리는 너무나도 애쓰며 살아간다…

문득 지난날들을 되돌아본다.

철들기 시작한 이후 '하고 싶은 것'보다는 '해야 하는 것'들로 가득 찬 나날이었다. 첫째로서, 아들로서, 학생으로서, 사회인으로서, 남편으로서, 아버지로서, 조직의 리더로서…. 그동안 나를 움직이게 한 역할들을 일일이 열거하기도 숨이 가쁘다. 사회인이란 한 단어만이라도 풀어헤쳐 보면 얼마나 많은 '해야 하는 것'들의 종합 선물 세트였었나…?

나는 이러한 수많은 역할을 나의 '정체성(Identity)'이라 생각하고 살아왔다. 하지만 늘 '가면(Persona)'을 쓰고 있는 나의 모습이 아닌가 하는 막연한 목마름을 지울 수 없었던 것 같기도 하다. 왜냐하면 그 역할들을 하는 과정에서 편안함, 행복감, 만족감보다는 항상 부족함, 더 나은 결과를 위한 몸부

림, 안주하기보다는 또 새로운 목표를 갈구하는 나의 모습이 훨씬 많았기 때문이다.

더군다나 나의 어린 시절과 젊은 시절은 알프레드 아들러(Alfred Adler)의 '열등감'이 지배하던 시절이었고, 역설적으로 이 열등감이 삶의 추진력이 되었던 탓에 '부정적 감정'들이 일상이 되어 있기도 했었다.

국제코칭연맹(ICF: International Coaching Federation)의 MCC 코치(Master Certified Coach)이기도 한 김현숙 교수는 저서 『하이어셀프』에서 이처럼 삶에서 겪는 부정적 감정들이 어떻게 우리의 인생을 하나의 '드라마'로 만들고 있는지 설명한다. 내면의 자신을 찾지 못하고, 외부로 드러난 자신의 다양한 모습의 굴레 속에서만 끊임없이 애를 쓰고 살아가는 우리의 모습을 '드라마'로 비유하였다. 그런 우리의 인생의 드라마를 '부정적 감정의 에너지場'이라 표현하고 있다.

이러한 '겉사람' 속에서 끊임없이 애쓰는 우리의 삶은 '깨진 독에 물 붓기'처럼 근본적인 삶의 변화와 개선이 어렵다. 부정적 생각에 사로잡혀 과거의 상처와 현실의 부족함만을 곱씹는 행위는 나의 귀중한 에너지만 소모시키면서 자기 자신을 '환경의 희생자'로 만들어 버릴 뿐이다. 개인의 한층 더 높은 성장을 위해서는 부정적 생각의 악순환을 끊고, 새로운 시각을 가지는 일이 필수적이다.

우리는 때로는 불편함을 느끼지 않는 즉각적인 보상을 '행복'으로 착각하고 살아간다.

우리의 '겉사람'들이 만들어 내고 있는 많은 문제로부터 잠깐 회피한 채 얻는 즉각적인 만족(예를 들어 게임, 쇼핑, 폭식 등)을 행복이라 착각하고 살기도 하지만, 이러한 행동은 장기적으로는 목표와 성장의 방향 상실을 불러오는 위험이 따른다. 그렇기 때문에 때로는 불편함을 마주하고, 기꺼이 감내하는 태도가 매우 중요하다고 볼 수 있다.

뚜렷한 삶의 비전이 없는 상태가 얼마나 우리의 삶을 표류하게 하는지 생각해 볼 필요가 있다. 나 또한 오십 중반이 넘었지만, 그동안 회사 내에서의 승진 목표 外, 뚜렷한 나의 인생 비전이 무엇인지 아직 자신 있게 말을 하지 못하고 있다. 부끄럽기 그지없는 마음이다. 젊은 사람은 젊어서부터, 나처럼 중년의 나이는 앞으로 남은 인생을 위해 지금부터라도 나의 삶의 진정한 방향이 있는지 곱씹어 보고, 없다면 제대로 설정해 보는 것이 진정한 성장의 출발점임을 깨달아야 할 필요가 있을 것 같다.

▎애쓰지 않고도 당당하게 살아가기

세상의 모든 변화가 쉽지 않듯이, 우리가 삶에 임하는 자세를 변화시킨다는 것 또한 어려운 일이다.

아인슈타인은 "변화를 원한다면, 즉 문제의 솔루션을 원한다면, 문제가 발생된 의식과 같은 수준의 의식에서는 결코 변화를 창출할 수 없다."라고 하였다. 경영의 구루, 피터 드러커 또한 "오늘 당면한 문제를 해결하는 것이 어려운 이유는 어제의 의식 수준에서 어제의 생각으로 해결하려고 애쓰기 때문이다."라고 하였다.

그러나, 우리가 삶의 태도를 바꾼다는 것은 엄청난 고통이 수반되는 변화가 아니라, 우리가 살면서 잊어버리고 살아가고 있는 우리의 반쪽, 즉 내면의 존재를 찾아내는 일이다.

분석심리학자이자 정신분석의인 칼 융(Carl Gustav Jung)은 창조주가 태양의 빛을 모두에게 주었듯이 모든 인간의 내면에도 신성한 '빛'이 있다고 설명하고 이 빛을 'Self'라 칭하였다. 현대 영성의 세계에서 가장 영향력 있는 인물 중 한 사람인 에크하르트 톨레(Eckhart Tolle)는 인간의 내면의 존재를 '우리 안에 거(居)하는 거대하고 측량할 수 없고 파괴할 수 없는 신성하고 온전한 존재'라 칭한다. 인간을 지칭하는 'Human Being'의 'Being'에 해당하는 내면의 존재, 바로 이 존재가 'Higher Self'이다.

우리 내면의 존재, Higher Self는 새로 만들어 내야 하는 존재가 아니라 우리 모두가 이미 가지고 있는 존재이다. 최근 여러 가지 배경하에서 다양한 형태로 구현되고 있는 명상(Meditation)의 본질이 바로 이 내면의 존재에 다가서는 것이기도 하다.

김현숙 교수는 "우리가 잊어버리고 살고 있는 우리의 Higher Self를 끄집어내고, 겉사람과 함께 잘 융합되고, Higher Self를 전면에 내세워 살아갈 때 진정한 성장의 방향으로, 너무 애쓰지 않고도 삶의 주인으로 살아갈 수 있다."라고 말하고 있다.

지금까지 한 이야기들이 사실 따지고 보면 그리 복잡하거나 어려운 일은 아니다.

나는 늘 삶의 과정에서 부딪히는 모든 문제에서 그 이면의 '의미'를 찾았고, 찾은 그 의미를 따라가면서 살아왔다. 내면의 존재, Higher Self라는 것을 알지도 배우지도 못한 채 말이다. 바로 늘 문제의 '의미'를 찾던 성찰의 존재, 그 모습의 나가 바로 Higher Self였던 것이다.

우리는 인생을 항해로 종종 비유하곤 한다.

항해는 '고통의 바다'를 건너는 것이 목적이 아니다. 방향을 설정하고 그곳으로 향해 가는 여정 자체가 목적이다. 항해가 고통이 되는 이유는 목적지에 집착하여 항해 과정에서 만나는 자신이 통제할 수 없는 환경과 조건에 집착하기 때문이다. 바람의 방향, 바람의 세기, 해류 상황 등 자연의 힘이 자신의 예상과 같지 않다고 탓만 하면 파도에 휩쓸릴 수도 있다. 바람이 불어 주지 않아 항해를 할 수 없을 때는 돛을 내리고 잠시 쉬어 가면 된다.

우리의 삶도 그러하듯이….

성찰 서른일곱,
하늘, 성찰 그리고 삶

| 하루에 한 번은 하늘을 보자

우리는 하루를 보내며 하늘을 몇 번이나 쳐다볼까?

하늘은 단 하루도, 하루 중 단 한 순간도 같은 모습을 하고 있지 않다. 바쁘고 복잡한 순간순간을 지나 보내는 우리의 일상 모습과 많이 닮아 있다.

하늘은 모든 것을 집어삼킬 듯 강렬한 태양을 등에 업고 밝고 건강한 에너지를 뿜어내기도 하고, 인간 세상과 자연의 죄와 오물을 더 이상 허락하지 않겠다는 듯 엄청난 물줄기를 뿌리기도 한다. 그랬던 자신이 무안하기라도 한 듯 온 세상을 다시 깨끗한 도화지로 만들어 주는 흰 눈을 펑펑 뿌려 대기도 하고….

하지만, 하늘은 언제 그랬느냐는 듯, 늘 그 자리에 본연의 모습으로 자리하고 있다. 우리의 일상이 아무리 숨 가쁘게 돌아가도, 우리의 인생은 비가역적(非可逆的) 물줄기처럼 의연하게 흘러가는 것과 마찬가지로….

하늘은 늘 높은 곳에서 우리를 내려다보고 있다. 하나도 빠짐없이….

우리는 일상에서 기쁘고, 슬프고, 솔직하고, 위선 어린 하루를 보내며 아무도 모를 것이라 생각하지만, 우리 인생은 우리의 하루를 한순간도 빠짐없이 내려다보고 있다.

우리가 하루를 살며 가끔 하늘을 쳐다보는 것은 다름 아닌 '성찰(省察)'이다. 단지 가쁜 숨을 고르기 위한 잠깐의 여유이기도 하지만, 이를 넘어서 우리의 일상과 인생의 통찰을 연결하여 주는 여행인 것이다.

우리, 하루에 한 번은 하늘을 보자….

▎ **성찰, 사람의 겉과 속이 만나는 지점!**

고대 그리스와 로마 시대부터 오랜 역사를 가진 철학에서부터, 심리학, 최근 뇌과학에 이르기까지 사람, 즉 인간에 대한 고민과 연구는 끊임없이 진행되어 오고 있다. 아마도 인간의 존재가 사라진 뒤에도 이 위대한 작업은 '제3의 존재'에 의해 계속될 것이 분명하다.

우리는 신분, 직업, 역할, 정체성, 페르소나… 수많은 이름으로 불리는 다양한 형태의 모습을 동시에 가지고 살아간다. 때론 힘에 부쳐 허덕거리기도 하지만, 대부분 각각의 역할에 충실하고자 노력하며 살아간다. 하지만, 생각해 보면 단 한 순간도 '완전한 행복의 순간'으로 존재한 적이 있었던가? 단 한 순간도 힘들다 느끼지 않았던 순간이 있었던가? 그러나, 우리는 묵묵히 그 과정을 견디고 버텨 내며 전진해 온 것 또한 사실이다.

이처럼 우리가 늘 힘듦을 호소하던 수많은 역할… 이건 다 우리가 인생을 살면서 불가피하게 가져가는 우리의 겉모습들이다. '나 본연의 나'는 어딘가 존재하고 있지만, 나는 그 다양한 역할을 소화해 내는 명품 배우처럼 그 역할과 하나 되어 멋진 연기를 하고 살아왔는지도 모르겠다.

하지만, 중요한 점은 힘든 순간순간마다 불쑥 튀어나와 생각을 하게 하고, 돌아보게 하고, 깨달음을 갖게 하여 다시 전진할 수 있도록 도와준 고마운 존재가 있었음을 잊지 말아야 한다는 것이다. 그 위대한 존재는 바로 나의 내면의 존재, 나의 한 부분인 속사람이다. 나라는 인간은 겉사람과 속사람 두 가지가 합체될 때 비로소 '나 본연의 나'가 될 수 있는 것이다. 이러한 합체를 가능하게 도와주는 힘! 그것이 바로 '성찰'이다.

▌성찰의 힘으로 전진한다

우리는 성찰의 시간을 통해, 좋은 일에서도, 때로는 나쁜 일에서조차도 숨어 있는 '의미'를 발견해 낸다. 그 의미는 지나가는 수많은 일상의 순간들 모두가 우리가 궁극적으로 도달하고자 하는 삶의 북극성을 향하도록 돕는 소중한 가치를 담고 있다.

젊은 날은 너무나도 다양한 겉사람을 연기하고 사느라 힘들었다. 젊은 육체의 에너지를 모두 쏟아부으면서 말이다.

이제는 다르다. 성찰을 통해 늘 함께하는 속사람이 곁에 있기 때문에 오히려 에너지를 받으면서 살아갈 수 있게 되었다.

인생 후반전! '성찰'의 에너지로 전진하며 살아 보는 것은 어떨까?

성찰을 돕는 책 3:
켄 윌버, 『무경계』

『무경계』

나는 누구인가?

누구나 살면서 한 번쯤 "나는 누구인가?"라는 근원적인 질문을 던져 보았을 것이다. 이 질문에 대해 평생을 바쳐 몰두해 온 사람이 바로 켄 윌버(Ken Wilber)이다. 그는 서양의 심리학과 철학, 그리고 동양의 종교와 명상 전통을 아우르며, 인간 의식의 지도를 그려 낸 통합사상가이다.

저서 『무경계』는 켄 윌버가 1970년대에 집필한 책으로, 동서양의 여러 심리 치료와 의식 성장 기법을 하나의 의식 스펙트럼으로 통합해 설명하고 있다. 그는 프로이트의 정신 분석부터 칼 융, 존재주의 심리학, 게슈탈트 치료, 명상과 선(禪)에 이르는 다양한 접근을 한데 묶어 "우리가 스스로 설정한 경계 때문에 자신과 타인, 세계로부터 소외되어 고통받는다."라는 메시지를 전하고 있다.

세상을 보는 눈, '경계'

『무경계』를 읽는 경험은 곧 자신의 삶을 깊이 성찰하는 과정과도 같다. 윌버의 통찰들은 단순한 지적(知的) 개념들이 아니라, 읽는 이로 하여금 자기 자신을 돌아보게 만드는 거울의 역할을 한다.

우리는 살면서 모든 사물과 현상을 자기 나름의 '경계'를 통해 바라보고 해석한다. 우리가 보고 느끼고 판단하는 것은 바로 객관적인 실체가 아니라 우리의 경계를 통해 변형된 존재인 것이다.

에드가 루빈의 「항아리」

왼쪽 그림은 덴마크 심리학자 에드가 루빈(Edgar Rubin)의 「항아리」라는 작품으로 게슈탈트 심리학에서 유명한 그림이다. 이 그림은 어느 색을 기준으로 보느냐에 따라 사람 얼굴이 보이기도 하고, 항아리가 보이기도 한다. 즉, 다시 말해서 우리가 어떤 경계로 이 그림을 보느냐에 따라 다른 것이 보인다는 것이다.

그가 『무경계』에서 이야기하는 경계를 정리해 보면 대략 다음과 같다.

1. 실재에는 존재하지 않는 것

그는 경계가 현실 자체에서 나오는 것이 아니라, 우리가 현실을 구분·분류하기 위해 그은 '지도(Map)' 위에서만 존재한다고 본다.

2. 대립과 갈등을 만들어 내는 기제

경계를 그은 순간, 우리는 '안 vs 밖', '선 vs 악', '주체 vs 객체' 같은 대립항을 만들어 우리의 내면과 외부, 또는 서로 다른 개념 사이에 갈등을 발생시킨다.

거장 헤르만 헤세의 대표작 『데미안』에서 밝고 건강한 가정에서 자랐으나, 이로 인해 선과 악에 대해 명확한 구분을 가지고 있던 주인공 싱클레어는 전학생 막스 데미안을 통해 기존에 가지고 있던 선악의 이분법적 사고를 탈피하여 독립적 사고를 하는 존재로 성찰의 여정을 떠나게 된다….

3. 통합 의식에서 해체될 수 있는 환상

경계는 본래 분리된 것으로 여겨지지만, '합일의식(Unity Consciousness)'을 통해 이러한 분리를 넘어서면 경계가 단순한 환상에 지나지 않음을 깨닫게 된다.

경계를 넘어 삶으로

삶에 대한 성찰적 태도란 무엇일까? 『무경계』는 이에 대해 분명한 대답을 주고 있다.

자신을 고립시키던 경계를 지우고, 온 세상과 연결되었다는 느낌으로 살아가는 것, 끊임없이 현재를 자각하며 매 순간을 깨달음의 표현으로 여기는 것, 바로 그런 태도를 말하는 것이다. 내면의 분열이 치유될 때 우리는 다른 이들과의 관계에서도 벽을 허물고 공감과 조화를 얻을 수 있게 된다. 나아가 삶과 죽음, 행복과 고통의 이중성조차 하나의 커다란 흐름으로 받아들이게 된다면, 우리는 어떠한 상황에서도 흔들리지 않는 중심을 가질 수 있게 되는 것이다.

켄 윌버는 성장이나 깨달음은 어디 먼 곳으로 떠나는 여정이 아니라, '이미 우리 안에 있는 진실을 기억해 내는 과정'에 가깝다고 하였다. 명상이 추구하는 것, 내면의 존재 Higher Self로 살아가는 것, 불교에서 말하고 있는 무아의 경지(無我之境)… 이 모든 것이 맥을 같이하는 개념이라 할 수 있겠다.

글을 마치며

이번 글은 책으로 나오는 과정이 쉽지 않았습니다. 저 자신으로부터 허락을 받는 과정이 쉽지 않았던 게 가장 큰 이유입니다. 지난 첫 번째 책은 "무식하면 용감하다."라는 말이 있듯이 그냥 써 내려가면서 책으로 만들기까지 거침없이 달려갔지만, 두 번째 책은 이제 조금 무엇인가를 깨닫게 되었는지 많이 망설이게 되었습니다. 책으로 나올 만한 이야기인지, 다른 분들 앞에 내놓을 만한 가치가 있는 글인지…. 망설인 시간이 짧지 않았습니다.

하지만, 끝내 책으로 나오게 된 데는 단 한 명의 독자라도 이 글을 읽고 생각과 행동의 변화를 가져올 수 있다면, 그것만으로도 충분한 가치가 있다는 믿음을 버릴 수가 없었던 저의 미련 때문이었습니다.

우리는 일상을, 그리고 인생을 참으로 분주하게 살아가고 있습니다. 그럼에도 불구하고, 살아가는 환경은 너무나도 빠르게 변화하고 있어 항상 '내가 제대로 살고 있는 것인가?'라는 허기짐을 떨쳐 버릴 수 없기도 합니다.

AI와 휴머노이드 로봇의 발전이 언제, 어디까지 발전하면서 우리의 삶을 침범할 것인지, 만일 그런 날이 오면 나는 무엇을 하며 가치를 느끼는 사람이 되어 있을까를 생각하면 혼란스럽기까지 합니다.

이러한 환경의 변화는 우리의 생활을 극도로 편리하게 해 줄 것은 명확합니다. 하지만, 우리의 마음과 정서를 풍요롭고, 가치롭게 해 줄 것인지에 대해서는 의문이 많은 것이 사실입니다. 그래서 늘 생각하고 성찰하는 자세를 잃지 않고 살아가는 일이 더욱 중요해지고 있다는 역설에 도달하게 되는 것 같습니다.

이제는 저의 소명(召命)이라고 할까, 저 자신의 성찰을 넘어서 코칭을 통해 만나게 되는 분들에게도 소중한 성찰의 경험과 효과를 나누고자 합니다. 점점 더 각박하고 메말라 가는 사회를 바라보며 저의 작은 소망은 더욱 단단해져 가는 것 같습니다.

많은 분에게 다시 한번 감사드립니다.

한 퇴직 임원이 전문 코치가 되어 가는 旅程

성찰을 통해 코치가 되어 간다

1판 1쇄 발행 2025년 11월 18일

지은이 최경락

교정 주현강   **편집** 김다인   **마케팅·지원** 이창민

펴낸곳 (주)하움출판사   **펴낸이** 문현광

이메일 haum1000@naver.com   홈페이지 haum.kr
블로그 blog.naver.com/haum1000   인스타그램 @haum1007

ISBN 979-11-7374-228-6(03810)

좋은 책을 만들겠습니다.
하움출판사는 독자 여러분의 의견에 항상 귀 기울이고 있습니다.
파본은 구입처에서 교환해 드립니다.

이 책은 저작권법에 따라 보호받는 저작물이므로 무단전재와 무단복제를 금지하며,
이 책 내용의 전부 또는 일부를 이용하려면 반드시 저작권자의 서면동의를 받아야 합니다.